LINGUISTICS|当代语言学研究文库|

U0661339

郭继东　刘晓红◎著

过渡语视角下的
外语教学研究

上海交通大学出版社
SHANGHAI JIAO TONG UNIVERSITY PRESS

内 容 提 要

本书以过渡语理论为主要理论依据,采用定性分析和定量分析相结合的方法,从过渡语形成的认知心理过程、发展的阶段性和僵化性等视角对外语教学进行了探讨。全书共 14 章,各章内容既相互联系,又相对独立,是对主要以英语为外语的社会教育背景下的外语教学的综合性研究。

图书在版编目(C I P)数据

过渡语视角下的外语教学研究/郭继东,刘晓红著. —上海:
上海交通大学出版社,2013
ISBN 978 - 7 - 313 - 09753 - 8

Ⅰ.①过… Ⅱ.①郭… ②刘… Ⅲ.①外语教学–教学研究
Ⅳ.①H09

中国版本图书馆 CIP 数据核字(2013)第 174048 号

过渡语视角下的外语教学研究
郭继东　刘晓红　著
上海交通大学出版社出版发行
上海市番禺路 951 号　邮政编码 200030
电话:64071208　　出版人:韩建民
凤凰数码印务有限公司印刷　全国新华书店经销
开本:880mm×1230mm　1/32　印张:7.875　字数:282 千字
2013 年 6 月第 1 版　　2013 年 6 月第 1 次印刷
ISBN 978 - 7 - 313 - 09753 - 8/H　　定价:28.00 元

版权所有　侵权必究

告读者:如发现本书有印装质量问题请与印刷厂质量科联系
联系电话:025 - 83657309

前　言

在 20 世纪 50 年代,基于行为主义心理学和结构主义语言学的对比分析在第二语言教学和研究领域盛行。人们一度认为,学习者的母语和所学目的语之间的差异越大,母语对目的语学习就越容易产生负迁移,学习者越容易犯错误,遇到的学习困难更多。对比分析对第二语言教学和学习具有一定的指导意义,但它不能预测所有的错误,一些预测的错误也未必真的出现。另外,对比分析忽视了二语学习者的主体地位,不能解决第二语言学习中的认知心理学层面的问题。20 世纪 60 年代前后,行为主义心理学受到认知心理学的强烈冲击,特别是乔姆斯基对行为主义心理学有关语言学习观点的批判,对二语教学和研究领域产生了巨大的影响,以学习和学习者为中心的理念逐渐被认识和接受。过渡语理论就是在这种背景下产生的。

过渡语(interlanguage)这个概念是由 Selinker(1969;1972)首先提出的,指的是在第二语言学习过程中,学习者建立的既不同于他们的母语,也有别于他们所学第二语言的一个语言系统,它既具备学习者母语的特征,也带有他们所学的第二语言特点,并逐渐向第二语言靠近。早期过渡语理论的构建者还包括 Corder (1967;1971)和 Nemser (1971)等学者。过渡语理论的提出,是二语习得研究学科形成的重要标志。

本书以过渡语理论为主要理论依据,从过渡语形成的认知心理过程、发展的阶段性和僵化性等视角对外语教学进行了探讨。全书共由 14 章组成。第一章主要介绍了过渡语理论形成的背景、过渡语概念的提出、过渡语的起点和发展阶段以及过渡语的特点,本章内容是本书其他部分的理论基础。第二章探讨了过渡语的发展阶段及其对大学外语教学的启示。第三章和第四章主要介绍了过渡语僵化的教学和情感成因。第六章到第十章主要是对学习者策略及相关因素的考察。本书的最后几章是和过渡语相关的几项研究。

近年来,随着改革开放的不断深入,社会经济飞速发展,我国对高素质外语人才的需求量不断增大。进入新世纪以来,我们更进一步融入国际大家庭,各行各业都将直接面对国际大市场,与国外同行进行同台合作与竞争。这对大学生的外语综合水平和应用能力提出了更高的要求,同时对大学外语教学提出了新的挑战。经过多年的努力,中国外语教学取得了很大的成绩,为我国教育事业做出了较大的贡献,但其中诸多方面仍需完善,各种问题需要解决,这在很大程度上有赖于外语教学研究的进一步拓展和深化。

本书的主要章节源于笔者完成的部分外语教学研究论文,部分内容有一定的交叉,但为了保持各章节的相互联系性和相对独立性,笔者未对其作较大的调整。书中内容是作者一得之见,其中疏漏和不妥之处在所难免,望专家和同行不吝指教。

作　者

2013 年春于杭州

目　录

第一章 绪 论

　　"过渡语"概念的提出是二语习得学科形成的重要标志,过渡语理论是二语习得研究重要理论之一。迄今为止,过渡语研究已有 40 多年的历史,经过不断的自我发展和完善,它已经成为二语习得的重要研究领域。本章主要介绍过渡语理论形成的背景、过渡语概念的提出、过渡语的起点和发展阶段以及过渡语的特点。本章内容是本书其他章节研究内容的主要理论基础。

1.1 引言

　　第二语言习得研究在 20 世纪五、六十年代就已现端倪,但作为独立的学科,第二语习得研究出现在 20 世纪 60 年末前后,其重要标志是过渡语理论的提出。过渡语(interlanguage)这个概念是由 Selinker(1969;1972)首先提出,但早期过渡语理论的构建者还包括 Corder (1967;1971)和 Nemser (1971)等学者。

　　在 20 世纪 50 年代,基于行为主义心理学和结构主义语言学的对比分析在第二语言教学和研究领域盛行。人们一度认为,通过对比学习者的母语和他所学习的目的语可以发现两种语言间的差异,差异越大,母语对目的语学习就越容易产生负迁移,学习者越容易犯错误,遇到更多的学习困难。对比分析在一定程度上对第二语言教学和学习具有指导意义,但它不能预测到所有的错误,预测到的一些错误也未必真的出现。另外,对比分析忽视了第二语言学习者的主体地位,不能解决第二语言学习过程中的认知心理学层面的问题。

　　20 世纪 60 年代前后,行为主义心理学受到认知心理学的强烈冲击,特别是 Chomsky 对行为主义心理学有关语言学习观点的批判,对第二语教学实践和研究领域产生了巨大的影响,以学习和学习者为中心的理念逐渐被认识和接受。过渡语理论就是在这种背景下产生的。

1.2　过渡语概念的提出

过渡语（又译中介语、语际语等）（interlanguage）（Selinker,1972）指的是二语学习过程中,学习者使用的介于母语和目的语之间的独立语言体系。它既具备学习者母语的特征,也带有其所学习的目的语的特点,并逐渐向目的语靠近。Selinker（1969）在国际会议上首次提出了 interlanguage 一词,后来（1972）发表了题为"Interlanguage"的论文,对这一概念进行了系统的阐述,确立了它在第二语言习得理论中的重要地位。过渡语这一术语具有两种含义:一是二语学习者在某个特定阶段建立的结构系统,即某种过渡语;二是指一系列相互交织的系统,即过渡语连续体（Ellis,1985）。过渡语理论最初主要用于对成人学习者语言系统的研究。后来人们通过研究发现,在儿童学习二语的过程中,过渡语现象也同样出现。于是,Selinker 等（1975）把过渡语这一概念扩展到对儿童二语学习者语言系统的研究领域内。

Selinker（1972）认为过渡语是五个核心认知过程的产物:

（1）语言迁移:过渡语中的一些成分可能是由学习者母语迁移引起的;

（2）训练迁移:一些过渡语成分可能是由学习者接受的教学引起的;

（3）第二语言学习策略:学习者的学习方法可能导致过渡语的形成;

（4）第二语言交际策略:学习者与目的语本族语者的交际方法可能导致过渡语僵化;

（5）过度概括:对目的语规则和语义特征的过度概括可能造成过渡语的出现。

与过渡语相近的概念最早是由 Corder（1967）提出来的,Corder 把学习者尚未达到目的语能力的外语能力称为"过渡能力"（transitional competence）,后来（1971）又称其为"特异方言"（idiosyncratic dialect）。Nemser（1971）把外语学习者使用的偏离目的语的语言系统称为"相似系统"（approximative system）。

1.3 过渡语的起点和发展阶段

1.3.1 过渡语的起点

过渡语是介于学习者母语和目的语间的独立的语言系统,不仅是语言重构(restructuring)的结果,更是语言学习再创造(recreating)的产物。因此,过渡语形成和发展的起点成为了一个重要议题(Ellis,1985)。Corder(1981)就此提出两种可能性。一种是学习者像习得母语一样开始学习目的语,但 Corder 否定了这种可能性,因为语言习得的过程不可能被完全复制。第二种可能性是学习者目的语学习始于某种所有语言使用者都使用的语法,因为每个儿童在语言习得过程中都会创造这样一种简单的语法,而且在以后的目的语学习和交际过程中不断加工完善。Ellis(1985)认为,目的语学习的起点是学习者早期习得的、用于非语法化的话语中的词汇,学习者借助情景语句用这些词汇向听者传递意思。

我们认为,学习者在正式学习之前,大都会通过各种途径或多或少对目的语有所了解。即便有的学习者可能对要学习的目的语完全不知晓,但他们可以对即将学习的新语言进行猜测或想象,至少他们可以借助有关母语等已有知识学习目的语,否则他们难以开始学习某种新语言,就更谈不上过渡语发展了。理解新语言的方式往往源于对一种或多种语言的已有知识(prior knowledge)和经验(Yip,1995:14),而且其他已有知识也对新现象概念的形成和确立有很大影响。因此,过渡语的发展非常可能始于学习者对所学目的语的已有知识或某种假设。

1.3.2 过渡语发展阶段

尽管花费的时间不同,不同背景的第二语言学习者在目的语学习过程中走着一条非常相似的过渡语发展之路,经历同样的发展阶段(Ellis,1999:21)。对学习者过渡语发展的阶段性,人们从不同的方面进行了描述和研究。Coder(1973)根据过渡语的系统性,把过渡语分成前系统错误阶段(presystematic error stage)、系统错误阶段(systematic error stage)和后系统错误阶段(postsystematic error stage)。

Brown（1994:211）借鉴了 Corder 的划分方法，并且基于对二语学习者的观察，从学习者语言错误类别的角度，把过渡语的发展分成四个阶段：随意错误阶段（random error stage）、出现阶段（emergent stage）、系统阶段（systematic stage）和稳定阶段（stabilization stage）。

随意错误阶段是过渡语发展的第一阶段。在这个阶段，学习者接触到目的语的某些形式，但他对目的语的相应系统规则只有模糊的意识。学习者非常清楚有知识要他去学，但又常常出错。学习者特别想与人交流，但又不知如何才能实现自己的意图。在这个阶段，学习者的语言错误是随意的，偶然的，没有规律可言。这些错误也说明，学习者在这个阶段进行不断的尝试和不准确的猜测。

在出现阶段，学习者的语言输出逐渐趋于前后一致。学习者开始内化（internalize）某些语言规则，但就目的语标准而言，这些规则可能不够正确。学习者在似乎已经掌握了某项语言规则后，还会倒退到以前的阶段。在这个阶段，学习者不能解释犯错的原因，即使自己的语言错误被旁人指出来，也不知道如何改正。在运用所学语言的过程中，学习者往往试图回避某些语言结构或话题。以下是一个学到出现阶段的第二语言学习者（L）和一个英语本族语者（NS）的对话：

L：I go New York.

NS：You're going to New York?

L：(Doesn't understand) what?

NS：You will go to New York?

L：Yes.

NS：When?

L：1972.

NS：Oh, you went to New York in 1972.

L：Yes，I go 1972.

以上的两个阶段大致相当于 Corder 的前系统错误阶段。Brown 的系统阶段相当于 Corder 的系统错误阶段。在这个阶段，学习者的语言输出表现出更多的前后一致性。学习者认识到某些目的语规则的存在，但他的认识是不完整的。例如，学习者知道构成英语动词过去式的一般规则是在动词后加"ed"，但不知道这个规则不适用于不规则动词,所以会犯"comed","goed"等错误。事实上,这样的错误并非偶然,它们反映了学习者过渡语在本阶段的特点。如果他们的错误不被他人指出,学习者是不会自己纠正的,因为他们不知道还有特殊动词的存在。

稳定阶段是过渡语发展的最后阶段,Corder 称其为后系统错误阶段。学习者已经掌握目的语规则,流利地运用目的语表达自己的意图已不成问题。在本阶段,学习者的过渡语系统已经趋于足够完整和稳定,错误相对较少,而且不用别人指出,他们就能留意并改正它们。

Corder 和 Brown 的分法从某个侧面反映了过渡语的发展阶段,强调了学习者的能产性技能(productive skills),对二语言或外语学习、教学和研究都有重要指导意义(司联合,2004:51)。

1.4 过渡语的特点

1.4.1 过渡语具有独立性(Independence)

过渡语本身是人类自然语言(James,1998)。作为一种自然语言,过渡语是介于学习者母语和目的语之间的语言体系,具有两种语言的某些特征(Corder,1981;Yip,1995),同时过渡语也有自己一套语音、词汇和语法规则,是独立的语言系统。

Hammerly(1975)(转引自杨连瑞、张德禄等,2011)用图 1-1 表明了过渡语与母语和目的语的关系,反映了过渡语的独立性。

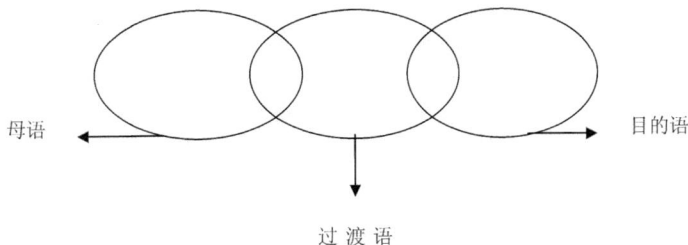

图 1-1 过渡语的独立性示意图

1.4.2 过渡语具有渗透性(Permeability)

渗透性是指过渡语容易受到母语和目的语规则和形式的渗透(Adjemian,1976;Yip,1995)。过渡语在形成过程中不断受到诸多力量的影响,学习者可能只是部分地习得了目的语规则和形式,或者不能正确地归纳这些规则和形式,与此同时,他们的母语可能在各种层面上对形成中的过渡语进行渗透(Yip,1995)。Yip(1995:12)以汉英过渡语为例对过渡语渗透性做了解释。Yip认为,在汉英过渡语中,汉英过渡语的语法受到汉语主题突出(topic-prominent)的特征渗透,同时英语中的被动化等规则又被过度概括了。

事实上,在很多方面,渗透性不是过渡语独有的,它是自然语言的一般性特征,只是过渡语渗透性发展的方式和程度可能有别于其他语言而已。这也在一定程度上说明过渡语是有独特属性的自然语言。

1.4.3 过渡语具有动态性(Dynamic)

二语学习者的过渡语是不断变化的,但这种变化不是从一个阶段跳跃到另一个阶段,为了适应对所学语言形成的新假设,学习者要相当缓慢地修正他的过渡语系统(Ellis,1985)。Corder(1971)认为特异方言一般是不稳定的,这正是它们的特性。后来,Corder(1981)又指出,过渡语系统具有动态性,整个学习过程是学习者及提供给他的数据的互动过程;既然不可能把所有的数据一次性地交由学习者处理,在理论上学习者的过渡语语法发展势必呈现出无数的状态,就像消化大餐一样,要有个过程。

1.4.4 过渡语具有系统性(Systematicity)

系统性指的是构成过渡语的规则和特征系统中存在内在的一致性(Adjemain,1976)。Adjemain(1976)认为,作为自然语言,过渡语一定像所有人类语言一样,拥有一套有组织的规则和基本的构成要素(词汇、语音音位和语法范畴),这些有机组合后才形成一个具有内在一致性的语言实体。过渡语一开始就具有系统性,具有内在的连贯结构(Yip,1995)。过渡语不是各语言项目的随机堆砌,它有一套自己特定的规则,所以对学习者语言进行分析是有规律可循的。对过渡语系统的分析应始于在大量数据中观察到的规则性,并以此判定学习者语法的属性(司联合,2004)。

1.4.5 过渡语具有僵化性(Fossilization)

僵化指的是过渡语中的某些语言项目、语法规则和系统知识还没有达到目的语状态时就停止发展,目的语的正确和错误形式都可能僵化,某些语言错误已经作为一种语言习惯固定下来,进一步学习也不能改正(Selinker,1972)。Selinker(1972)认为二语学习者可能有 95%的人不能最终达到目的语本族人的水平,Scovel (1988)估计 1000 个学习者中有 1 个能达到,Long(1990)认为没有学习者能达到。(Han and Odlin,2006:1)僵化可以出现在语言的各个层面上。根据 Selinker 的观点,僵化现象包括个体僵化和群体僵化。学习者的个体僵化现象大体表现为语言能力的僵化和错误僵化。语言能力的僵化指过渡语在语音、句法结构和词汇等方面的僵化。当业已僵化的外语能力具有普遍性时,甚至成为整个社会的正常现象时,就成为群体僵化。在外语学习和使用过程中,人们难免要犯各种错误,但有些错误经常出现,成为顽固性的错误,这种现象就是错误僵化。僵化的成因可能多种多样。Ellis (1999)概括了导致过渡语僵化形成的因素:内部因素,包括年龄和适应目的语文化的愿望缺乏;外部因素,包括交际压力、学习计划缺乏和对学习者使用目的语的反馈性质。Han(2008)总结出 49 种导致僵化的因素,并按照层级关系把它们分成外部因素和内部因素两大类。外部因素是指环境因素,内部因素包含认知因素、神经生物因素和社会情感因素。认知因素被细分为知识表征、知识加工和心理因素三小类。层级的末端是各种具体的导致过渡语僵化的因素。

1.5 结束语

迄今为止,过渡语研究已有 40 多年的历史,历经 20 世纪 70 年代初理论构建、20 世纪 80 年代的迅猛成长、20 世纪 90 年代的深化与拓展和 21 世纪初期过渡语语用学等研究的快速发展。在 40 多年的发展过程中,过渡语理论能够吸收和借鉴相关学科的研究成果,在不断的自我完善中积极解决在研究领域和研究方法等方面存在的问题。过渡语目前已经成为二语习得研究中的重要领域,有异常重要的地位,它生气勃勃,很有发展前途,非常值得深入研究(蔡金亭,2008)。

第二章　过渡语发展阶段
与大学英语教学

　　过渡语是二语和外语学习过程中,学习者使用的介于母语和目的语之间的语言体系。根据学习者错误类别,过渡语的发展可以分为随意错误阶段、出现阶段、系统阶段和稳定阶段。过渡语及其阶段的划分,对于正确认识外语学习过程和学习者语言系统,进行以学习者为核心的分层次英语教学,加强大学英语后续教学,提高学习者英语运用能力,都具有十分重要的意义。

2.1　引言

　　过渡语(interlanguage)(又译:中介语、语际语,等等)指的是二语/外语学习过程中,学习者使用的介于母语和目的语之间的语言体系。它既具备学习者母语的特征,也带有目的语的特点,并逐渐向目的语靠近(Selinker,1972)。与过渡语相近的概念最早是由 Corder (1967)提出来的,Corder 把学习者尚未达到目的语能力的外语能力称为"过渡能力"(transitional competence),后来(1971)又称其为"特异方言"(idiosyncratic dialect)。Nemser(1971)把外语学习者使用的偏离目的语的语言系统称为"相似系统"(approximative system)。Selinker 于 1969 年在国际会议上首次提出了interlanguage 一词,三年后(1972)发表了题为"Interlanguage"的论文,对这一概念进行了系统的阐述,确立了它在第二语言习得理论中的重要地位。过渡语具有系统性、动态性、可渗透性、僵化性及阶段性等特点。国内外学者在过渡语系统性、动态性、可渗透性、僵化性等方面做了大量的研究工作,取得了丰硕的研究成果,但对其阶段性的研究成果较少。本章将着重探讨过渡语的发展阶段及其对大学英语教学的启示。

2.2　过渡语的发展阶段

不同背景的学习者学习第二语言所花费的时间可能长短各异,但所经历的过渡语发展阶段十分相似(Ellis,1999:21)。对学习者过渡语发展的阶段性,人们从不同的方面进行了研究和描述。Coder(1973)根据过渡语的系统性,把过渡语分成前系统错误阶段(presystematic error stage),系统错误阶段(systematic error stage)和后系统错误阶段(postsystematic error stage)。Brown(1994:211)借鉴了 Corder 的划分方法,并且基于对二语学习者的观察,从学习者语言错误类别的角度,把过渡语的发展分成四个阶段:随意错误阶段(random error stage)、出现阶段(emergent stage)、系统阶段(systematic stage)和稳定阶段(stabilization stage)。

随意错误阶段是过渡语发展的第一阶段。在这个阶段,学习者接触到目的语的某些形式,但他对目的语的相应系统规则只有模糊的意识。学习者非常清楚有知识要他去学,但又常常出错。学习者特别想与人交流,但又不知如何才能实现自己的意图。在这个阶段,学习者的语言错误是随意的,偶然的,没有规律可言。这些错误也说明,学习者在这个阶段进行不断的尝试和不准确的猜测。

在出现阶段,学习者的语言输出逐渐趋于前后一致。学习者开始内化(internalize)某些语言规则,但就标准而言,这些规则可能不够正确。学习者在似乎已经掌握了某项语言规则后,还会倒退到以前的阶段。在这个阶段,学习者不能解释犯错的原因,即使自己的语言错误被旁人指出来,也不知道如何改正。在运用所学语言的过程中,学习者往往试图回避某些语言结构或话题。

以上的两个阶段大致相当于 Corder 的前系统错误阶段。Brown 的系统阶段相当于 Corder 的系统错误阶段。在这个阶段,学习者的语言输出表现出更多的前后一致性。学习者认识到某些目的语规则的存在,但他的认识是不完整的。例如,学习者知道构成英语动词过去式的一般规则是在动词后加"ed",但不知道这个规则不适用于不规则动词,所以会犯"comed","goed"等错误。事实上,这样的错误并非偶然,它们反映学习者过渡语在本阶段的特点。如果他们的错误不被他人指出,学习者是不会自己纠正的,因为他们不知道还有特殊动词的存在。

稳定阶段是过渡语发展的最后阶段,Corder 称其为后系统错误阶段。学习者已经掌握目的语规则,流利地运用目的语表达自己的意图已不成问题。在本阶段,学习者的过渡语系统已经趋于足够完整和稳定,错误相对较少,而且不用别人指出,他们就能留意并改正它们。

Corder 和 Brown 的分法从某个侧面反映了过渡语的发展阶段,强调了学习者的能产性技能(productive skills),对二语或外语学习、教学和研究都有重要指导意义(司联合,2004:51)。

2.3 过渡语的阶段性对大学英语教学的启示

2.3.1 正确认识英语学习者的语言错误

外语学习是阶段性的,分层次的。当学习者处于某个阶段时,往往对新的语言现象或规则缺乏充分的认识和了解,常会用以前学过的或较熟悉的甚至母语知识加以解释说明,所以犯语言错误在所难免。此时对学习者不必作太高的要求,因为随着学习的不断深入,学习者对该语言知识或规则的认识和了解也不断加强,上述错误会逐渐减少,甚至消失。具体而言,学习者语言错误产生的原因主要有语际干扰(interlingual interference)、语内干扰(intralingual interference)和学习环境的影响(司联合,2004:118-121)。语际干扰和语内干扰主要作用于学习者的外语学习和交际策略上面。语际干扰主要是指学习者的母语对所学习的目的语的影响。在外语学习的初级阶段,学习者所掌握的目的语知识非常有限,只有母语可以依赖,母语的内容很容易迁移到目的语中去。当迁移的母语规则与目的语规则不一致时,就形成了语际错误。所谓语内干扰错误是指由于学习者根据已经获得的尚未完整的、有限的目的语知识和经验,做出不正确的假设和推断而犯的错误。Taylor(1980)通过对学习者错误比较系统的研究后指出,在初级阶段语际干扰比较多,当学到一定程度时,语内干扰会逐渐多起来;从初级阶段到高级阶段,语际干扰越来越少,而语内干扰越来越多。这也说明外语学习是一个创造过程,学习者总是倾向于将已知的知识和学过的内容同正在学习的内容联系起来（司联合,2004:120）。这种现象实际是一种迁移（transfer）。迁移是学习者常用的一种学习策略（王初明,1996:78；Littlewood,2000:25）。此外,引发错误的相关学习策略还有过度概括（overgeneralization）、简化（simplification）等（Richards,1971；James,2001:187；Littlewood,2000:23-28）。过度概括是指外语学习者根据学到的某些结构臆造出目的语中并不存在的一些如 goed、mans 等一些错误结构;简化是指学习者把相对复杂的结构,特别是对意思的表达不构成实质影响的结构人为地简化了,比如中国学生有时会说的 Yesterday I go Shanghai by train. 就是一种简化结构,当然也不能排除汉语的干扰。

交际策略是语言错误的另一来源,主要包括回避（avoidance）和变换语言（language switch）等。当学习者在学习或交际过程中对目的语的某个项目感到困难或不确信,会采用以原来学的代替新的、以简单的代替复杂的或保持沉默等回避策略。比如一个英语学习者在和外教的交流中不会 allergic,就用 sensitive 代替,犯了用词不当的错误。变换语言也是造成错误的一种交际策略,指在交际过程中,学习者无法用目的语清楚地表达意思,于是使用一两个母语单词,希望对方能够理解自己的意思。例如在英语课堂上,有位学习者想表达"教室很乱",但不清楚英语中"乱"如何讲,于是说出了 The classroom is very luan.（王初明,1996:82）。另外,课堂、教师、教材等构成了外语学习的外部环境。教师和教材不当的语言可能被学生模仿或导致他们做出错误的语言假设和输出,课堂交往中不恰当的反馈可能使学习者的语言错误保留或增强。

总之,错误只是过渡语发展到一定阶段的表现形式,随着学习者进一步的学习和交际,其过渡语会向目的语的正常语言形态靠近（范谊等,1998:91）。在教学过程中,教师应该从多角度考察、认识学生的语言错误。对于学习者本来已经掌握的某项语言知识,但因身体不适或疏忽等原因造成的失误,也不必有错必纠。但对于因学习者没有掌握业已系统学过的语言知识而造成的,而且规律性出现的错误,就应以恰当方式给以纠正,否则这样的错误就会被学习者内化

(internalized)，以后很难纠正。在教学过程中，英语教师应不仅教授学生语言，鼓励他们积极、大胆地使用新学的词汇和表达方式，而且应该培养学生良好的英语学习和交际策略，根据过渡语不同阶段的共性特点，提出预防错误策略，减少学生犯错的数量和次数。

2.3.2 加强过渡语各个阶段的衔接，减少僵化

过渡语本身是一种动态系统，具有不稳定和反复性的特点，它向目的语靠近的过程是反复的、非直线性的，主要表现为已纠正的错误重新有规律地出现。学习者是在不断更新和调整认识的过程中向下一个阶段靠近的。过渡语发展过程中，相邻的两个阶段总会有重叠的现象，上个阶段的认知技能是下个阶段的一部分，从一个阶段到另一阶段复杂程度递增，任何一个阶段都不能避而不走（王改燕，2002）。所以外语教师应该对学习者不同阶段过渡语系统仔细观察和分析，帮助他们不断加强和巩固所学知识，做好各个阶段间的衔接，以减少或避免错误反复和僵化现象的出现。

僵化指的是过渡语中的某些语言项目、语法规则和系统知识还没有达到目的语状态时就停止发展，某些语言错误已经作为一种语言习惯固定下来，进一步学习也不能改正。二语学习者可能有 95% 的人不能最终达到目的语的水平，即绝大多数二语学习者的过渡语不能达到其连续体的终点。僵化可以出现在语言的各个层面上（Selinker，1972）。根据 Selinker 的观点，僵化现象包括个体僵化和群体僵化两类。学习者的个体僵化现象大体表现为语言能力的僵化和错误僵化。语言能力的僵化指过渡语在语音、句法结构和词汇等方面的僵化。当业已僵化的外语能力具有普遍性时，甚至成为整个社会的正常现象时，就成为群体僵化。在外语学习和使用过程中，人们难免要犯各种错误，但有些错误经常出现，成为顽固性的错误，这种现象就是错误僵化。僵化对外语学习成绩和运用能力的提高造成很大的障碍，大大牵制了学习者过渡语向目的语靠近，造成外语学习事倍功半、徘徊不前的尴尬局面。

僵化形成的原因是多方面的，Ellis（1999：354）对僵化成因的研究结果总结后指出，过渡语僵化是其外因和内因共同作用的结果。

内因指学习者的年龄和缺乏融入目的语社会或文化的愿望;外因指的是交际压力、缺乏学习机会和对学习者第二语言的反馈性质。因此,教师应该充分发挥自己的主导地位,要帮助学生端正态度,激发动机,平等对待和正确评价目的语文化,培养学生对目的语文化的好奇心和求知欲。其次,要向学生讲明目的语文化对掌握目的语的重要性,激发他们学习目的语文化的紧迫感和责任感。再次,也是最重要的,就是语言教师要注意目的语文化导入的艺术性和系统性。在考虑其他因素的同时,应该努力创建良好的课堂交往氛围,提高对学生的外语输入质量,以积极、恰当的方式对学生的外语输出进行反馈,以避免或减少僵化的出现(郭继东等,2005)。

从时间的角度看,我国英语教学主要分为大、中、小学三个阶段,但由于种种原因各阶段的外语教学严重脱节,这是产生重复劳动,挫伤学生学习积极性,"费时低效"的原因之一(束定芳,2004:17)。事实上,外语学习是个复杂的认知过程,各个阶段都十分重要,缺一不可,应有机结合。所以在计划和组织课程设置、教材编写和教学评估等方面,在考虑具体情况的同时,应该在宏观上确保各个阶段彼此沟通协调,积极合作,最大限度地发挥现有教学资源的作用,提高外语教学和学习的效率。

2.3.3　尊重学习者个体差异,真正实施分层次教学

外语教学,无论是为何种目的,采取何种教学方法,其最终结果都体现在外语学习者身上,因此,在外语教学理论研究中,对学生的研究应占据一个重要的位置(束定芳等,1998:37)。但过去的研究比较侧重于学生的共性,对学生的差异研究不够,重视学生的认知发展,忽视学生个性发展,按照统一的标准要求学生,限制了学生的天赋才能和兴趣爱好的发展(华国栋,2002:1)。我国在 20 世纪 80 年代就实行了大学英语分级教学,对学生的个体差异开始有所认识,但这种认识仅限于初级阶段,除了入学时按分班考试所反映的基础水平进行分班外,对于学生其他方面的个体差异并无任何考虑(俞惠中,2001)。事实上,高校新生的录取是以考生的高考总成绩为前提分批次进行的,而且除了个别专业外,一般不考虑考生的外语单科成

绩,所以高校新生的外语单科成绩差别跨度很大。另外,作为高校外语教学主体的大学生们来自于不同的地区,有着不同的学校、家庭等背景,这对他们的外语水平也有很大的影响。更重要的是,大学生的英语学习能力、智力水平、个性、学习动机和自身要求等无不是影响他们英语水平的重要因素。因此,在英语学习方面,他们不可能处于同一层次上,即分别处于不同的过渡语阶段上。实践表明,传统的以院系或自然班为单位进行英语教学,或者初等的分级教学都没有充分考虑学生的个体差异,采用统一的教学模式,造成一部分学生"吃不饱",另一部分学生"囫囵吞枣",既不利于调动和发挥学生自主学习的积极性,也不利于学生英语综合应用能力的培养。所以,有针对性的"分层次教学"对于解决这一系列问题十分必要。在教学实践中,各个学校应根据自身实际和教育部《大学英语课程教学要求(试行)》的精神,同时尽量考虑和尊重学生个体差异,通过相应的调查和测试,把学生分入不同层次的班级,如基础班、提高班、高级技能班、实验班等。各类班级可以配备不同的教师,使用不同的教材,采用不同的测试方式、设定不同的学时等,进行分类教学,针对性地进行指导。在班级的规模方面,可以采用大班授课与小班辅导相结合等灵活方式,大班解决大的问题,小班解决个性化的问题,以适应个人的学习进度。为了使分层次教学更加合理、有效,可以采用弹性的滚动教学机制,即一定时期后,各班学生经过测试后,按一定比例在上述班种间转班,可上可下。这样一方面增强学生学习动力,提高学习积极性,另一方面可以实现教学资源的合理配制。

2.3.4 加强大学英语后续教学,巩固和提高学生英语运用能力

过渡语本身是一种动态系统,向目的语靠近的过程不是直线的,而是曲折的,具有回复性的特点(backsliding)。尽管通过大学英语四级甚至更高级别的学生已经具备一定的书面交际和听力能力,特别是在阅读方面已经达到了比较高的水平,但尚不能满足实际工作、生活的需要,他们所掌握的语言的很多方面仍然处在过渡语的相应阶段上,距目的语仍有很大的距离。由于各种原因,很多大学生在完成"基础阶段"英语学习后,特别是通过全国英语四级统考后,基本上

停止了英语的深造和提高(赵安源等,2003),经过千辛万苦获得的英语能力逐渐后退。通过全国英语四、六级统考后就停止英语学习,既不符合语言学习的认知规律,也违背了英语教学的真正目的,同时造成各类教育资源的极大浪费。所以,继续和加强四级后的英语教学十分必要。《大学英语课程教学要求(试行)》(2004:1-5)明确要求各高校根据实际情况设计各自的大学英语课程体系,将综合英语类、语言技能类、语言应用类、语言文化类和专业英语类等必修课和选修课有机结合,为学生提供良好的语言学习条件和环境,使学生既能打下扎实语言基础,又能培养较强的实际应用能力尤其是听说能力;既要保证学生在整个大学期间的英语水平稳步提高,又要有利于个性化学习,以满足其不同的专业发展需要。

2.4　结束语

近年来,外语教学和学习研究的重点已从以教师为中心转移到以学习者为中心的方向上来。这种研究方向的转移所带来的一个重要结果,就是人们越来越关注学习者的过渡语系统。过渡语理论的历史意义在于,它在导向上实现了从"从教学中心"的观点向"学习中心"的观点的根本转变(魏永红,2004:70)。语言是由不同的亚体系组成的,语言学习受多种因素影响,基于错误分析的过渡语发展阶段的划分必然有其局限性,需要人们进一步的论证和研究,但它的意义是积极和伟大的。它使人们更加认识外语学习的认知规律,关心和关注外语学习者和他们的语言系统,尊重他们的个体差异,使以学习者为核心,以培养学习者外语应用技能为主要目标的外语教学成为可能。

第三章　外语教学与过渡语僵化

僵化是过渡语的重要特征。很多中国学生学习英语多年，但听不懂、讲不出、不能写，是过渡语应用能力暂时僵化的表现。学生过渡语僵化，特别是过渡语整体能力的僵化，和教学因素有直接关系。本章从教材、课堂教学和教师因素三个方面探讨外语教学与过渡语僵化的关系，并建议在内容选择、结构编排、版面设计等方面，教材应具有时代性、真实性和趣味性；外语教师应不断提高自身素质，在教学中应以学生为中心，关注学生的学习情感因素，指导他们形成良好的学习策略，培养自主学习和使用外语的能力。

3.1　引言

在外语学习过程中，学习者使用一种介于母语和目的语之间的动态语言系统，即过渡语系统（interlanguage）。过渡语既指学习者在某个阶段建立起来的目的语知识系统，也指由此相互连接而成的一种连续体，它既具备学习者母语的特征，也带有他所学习的目的语特点，并逐渐向目的语靠近（Selinker，1972）。与过渡语相近的概念最早是由 Corder（1967）提出来的，Corder 把学习者尚未达到目的语能力的外语能力称为"过渡能力"（transitional competence），后来又称其为"特异方言"（idiosyncratic dialect）（Corder，1971）。Nemser（1971）把外语学习者使用的偏离目的语的语言系统称为"相似系统"（approximative system）。过渡语具有系统性、动态性、可渗透性及阶段性等特点，但过渡语最明显的特征，也是最让语言学家感到不解的是它的僵化性（fossilization）（戴炜栋等，1999）。僵化指的是过渡语中的某些语言项目、语法规则和系统知识还没有达到目的语状态时就停止发展，某些语言错误已经作为一种语言习惯固定下来，进一步学习也不能改正（Selinker，1972）。根据 Selinker 的观点，僵化现象包括个体僵化和群体僵化两类。学习者的个体僵化现象大体表现为语言能力的僵化和错误僵化。语言能力的僵化指过渡语在语音、句法结构和词汇等方面的僵化。当业已僵化的外语能力具有普遍性时，甚至成为整个社会的正常现象时，就成为群体僵化。目的语的正确形式和错误形式都可能僵化（Ellis，1985）。在外语学习和使用过程中，人们难免要犯各种错误，但有些错误经常出现，成为顽固性的错误，这种现象就是错误僵化。僵化对外语学习成绩和运用能力的提高构成很大的障碍，造成外语学习事倍功半、徘徊不前的尴尬局面，所以有必要对其成因进行研究（刘晓红等，2004）。

对于过渡语僵化现象的成因，国内、外学者分别从生理、认知和心理等不同的角度给予了解释。Ellis（1999）对僵化成因的研究结果进行了总结后指出，过渡语僵化是其外因和内因共同作用的结果，内因指学习者的年龄和缺乏融入目的语社会或文化的愿望；外因指的是交际压力、缺乏学习机会和对学习者第二语言的反馈性质。

事实上，僵化现象产生的原因众多（戴炜栋，1990），任何单一的原因都不足以解释僵化的形成 Ellis（1999）。本章拟在中国英语教学的背景下，从英语教材、课堂教学和教师因素角度探讨过渡语僵化成因，并提出相应的减少和消除过渡语僵化的建议。

3.2　外语教材与过渡语僵化

教材是外语教学的重要因素，是学生语言输入的主要来源，教材的质量直接影响教学效果。教材的选用不当会导致或加重学生过渡语僵化的产生。

首先，教材的语言形式不恰当得体，甚至包含错误，非常容易造成学生过渡语僵化。例如下面常见于中、小学教材的对话：

例1.

Greetings

A：How do you do?

B：How do you do?

A：I am Li Ming.

B：I am Liu Ying.

A：How old are you?

B：I am 18 years old.

如果没有注释，这段小对话至少有三处会误导学生：1）见面打招呼不论场合都用 How do you do? 结构；2）口语中总是用 I am 而不是 I'm 的形式；3）见面询问对方年龄似乎是一种习惯。这种掺杂着中式英语的对话模式久而久之将被学习者习得而形成僵化。如果将其用在真正交际中，就会引起本族语者的反感或文化震惊（吴丁娥，2001）。

在某英语教材第二册某单元"词组与表达方式"部分中，为了帮助学生掌握 let alone 用法，作者给出了一个范例，"He is busy we'd better leave him alone."。尽管句子存在的问题并不复杂，两个单句间加个连词或分号就可以了，但其后果是不容忽视的。如果没有及时指出，它可能造成学生对类似句子结构的误解、内化（internalize），导致这一类句子结构的错误僵化。另外，即便该错误被及时发现、指出了，往往也会引起学生对该教材信任度的降低，甚至对教材的可靠性产生怀疑，结果学生会对该教材产生排斥心理，大大影响英语学习、教学的效果。

其次，教材内容也可能造成学生的过渡语僵化。笔者曾经在不同场合和多位学生用"Hello, how are you?"打招呼，几乎所有的回答都是"Fine, Thank you. And you?"，极少人说"Pretty good, thank you.", "Very well, thanks.", 或"OK."等；而笔者说"Hey, how's it going?"或"What's up?"时，一半以上学生不知如何回答，只是尴尬地笑笑，有的则回答"I'm going to the library."等。这种过渡语语用僵化现象的原因很大程度在于基础教材内容老化，语料陈旧、单一，语用知识匮乏。由于过于强调语言本身，人们在编写相关教材或教学时，忽略了自然语境，忽略了有形的衔接和无形的连贯，忽略了话语中的命题和言外之意（杨连瑞等，2006），也是造成学习者的目的语输出机械、不自然，像背书的主要原因。

最后，大、中、小学阶段教材的衔接不好，很多内容重复；有的教材本身梯度不平均，各分册跨度不均衡；有的教材所含信息过时，缺少新意，或者教材内容深奥、冗长；有的教材结构编排单调、死板，缺少变化。对同样内容不断重复的学习，或学习内容难易变化过大、缺乏时代性和趣味性,势必磨蚀学生对英语学习的兴趣和动力,使英语学习出现事倍功半的尴尬局面。

Hutchinson 认为好的教材是用来鼓励和刺激学生英语学习的。鼓励包括激发学生的积极性和建立自信心;刺激包括刺激感官,如视觉和听觉系统,刺激认知心理活动,如记忆、联想、构思等(梅德明等,2004)。所以,在内容选择、结构编排、版面设计、装帧等方面,教材应具有时代性、真实性和趣味性,特别是所涉及的内容应是学生感兴趣,和他们密切相关的,非常实用的话题,而不是那种长篇阔论的说教或冗长乏味的论文。基础阶段的教材更应突出主题,如人际关系、文化、校园生活、爱情、动物、心理等。这些对于学生而言是比较实用的、可望而可及的,是已经、正在或即将发生在他们中间的事情,能够大大激发他们英语学习的参与意识,把英语学习和应用有机地结合起来,让学生接触、理解足够的语言素材,使课堂教学最大限度地接近语言应用的真实环境。

3.3 外语课堂教学与过渡语僵化

在中国,课堂是学生外语学习和交际的最主要场所。由于受行为主义和结构主义语言学的影响,我国英语教学长期沿袭传统的教学模式,即以精读为主要课程,以获取语言知识和提高翻译、阅读能力为主要教学目的,以课堂面授为主要教学形式,以黑板加粉笔为主要教学手段。20 世纪 80 年代以来,为了适应形式和需求的变化,英语教学开始吸收当代心理学和语言学的最新成果,在教学性质、要求和教学模式等方面,发生了很大的变化(陈长顺等,2004),但这种变化在范围和程度上还须进一步增大、加强。梅德明等经过对中国不同地区大、中、小学的英语教学情况大规模调查后发现,中国的英语教学以教师讲授为主,教学方法不够灵活;对学生个体差异重视不够,对不同阶段的处理差异不大;缺乏对英语氛围的营造,对学生课外学习指导不够(梅德明等,2004)。束定芳分析了某大学英语课堂教学实录,发现该教学基本是以教师讲解为主,学生被动地接受,师生间缺乏真正的交流;课堂的基本功能是灌输新知识;教师对学生的掌握程度、具体需要和自主学习方法也并不关心(束定芳,2004)。这种以教师为核心的，以传授语言知识为主的英语课堂教学，和学生僵化的过渡语能力有直接的关联。

首先，它过分强调语言形式本身，忽略语言承载信息的传递和文化的导入。语言学习最终目的是交际，而交际是信息流动过程，这种信息多半与语言本身无关，语言主要担当信息载体或交际媒介的作用。英语教学如果过分强调语言形式本身，把语言形式和其所承载的社会文化信息剥离开，忽略社会知识的黏合作用，学生能够获取的语言知识只能是零星的、松散的，很难转化成应用能力，结果在交际过程中无话可说或言之无物，这也是为什么学生除了那几句问候语言和像审讯似的问句以外，难以继续对话的一个主要原因。

其次，没有给学生提供一定的使用语言的机会。而学生缺乏学习和使用第二语言的机会是形成过渡语僵化的一个重要原因（Ellis，1999）。由于种种原因，在中国，课堂是英语学习和交际的主要的，甚至唯一场所。因为大部分课堂时间被教师占用，学生失去了本来就少的语言输出机会，特别是口语输出机会。一方面，一些语言错误得不到及时有效的调整或纠正，形成错误僵化；另一方面，新学的语言知识不能得到及时的验证、提炼和转化，某些外语能力停留在表面，不能进一步巩固和提高，造成语言能力的僵化。

最后，学生的情感因素没有被给予足够的重视。英语课堂不仅是学生和教师进行学习的场所，也是他们进行人际交往的特殊社会环境，在这种环境下形成的学生和教师之间以及学生之间的关系，势必很大程度地影响英语学习和教学的过程和效果。人们对外语学习者至少进行了三十多年的研究，揭示出情感是影响外语学习最主要的两个因素之一（王初明，2001）。影响外语学习的主要情感因素包括动机、态度、焦虑和移情等，如果其活动规律遭到破坏，某些情感问题得不到关注或解决，学习者就会出现某种情感紊乱，对外语学习缺乏目的性，没有动力，得过且过，对学习或交际中出现的各类错误视而不见，听而不闻，表现出冷漠、无所谓的态度，致使错误僵化，外语学习效果微乎其微，甚至外语水平下滑，严重影响外语学习效果。

3.4　外语教师与过渡语僵化

外语教师在教学过程中起主导作用,教师自身各种素质对教学过程和结果都有不同程度的影响。本节拟在中国英语教学的背景下,从教师的外语水平、教师的反馈和教师的语言观等因素角度探讨过渡语僵化成因,并提出相应的减少和消除过渡语僵化的建议。

首先,教师的外语能力,特别是口语能力对学生的英语能力发展影响非常大。我国的外语教师一般来说并不具备本族语者的外语水平,他们大部分还处在语言发展过程中,过渡语的动态特点使得他们的外语知识特别易于变化(邹维诚,2013)。根据过渡语理论,外语学习是阶段性的、分层次的,学习者可能有95%的人不能最终达到目的语的水平,即绝大多数学习者的过渡语不能达到其连续体的终点(Selinker,1972)。在这一点上,教师也是学习者,只不过距离目的语相对学生近而已,所以大多数教师所使用的也是过渡语,在教师身上也会出现语言僵化的现象。

一方面,教师往往是学生的模仿对象,教师的过渡语在耳闻目睹中被学生模仿、接受,长此以往难免形成僵化,特别是语音和语用僵化;另一方面,由于教师外语水平有限,对学生不正确的语言输出难以给予及时、正确的纠正和调整。因此,教师有限的英语水平很可能造成整个班级在某些语言项目上的群体僵化。例如,在英语课上,教师请一个学生去拿些粉笔来:

Teacher：Fetch me some chalk please.

Student：OK.

(Minutes later, the student returned with some chalk.)

Teacher：Thank you very much.

Student：Never mind.

(The conversation ends.)

对话中的教师和学生语言都有不当之处。在美国和澳大利亚,很多人养宠物狗,他们往往教狗一些表演性动作,如主人喊"Sit!",狗就会坐下;主人抛出一个小棍子并且喊"Fetch!",狗儿就会跑过去把棍子捡回来。所以,对美国人说"Please fetch me...",是一种冒犯行为,建议遇到类似情况时,用"Go and get... please."结构(Allanson 等,2004)。

另外,"Never mind."不用于回应致谢,当有人做错了事或遇到不开心的事,可以用"Never mind."对其表示安慰。但在对话中,教师未能以恰当的方式给予指出或提醒。

很多中国英语教师习惯用"So much for..."表示某项教学活动结束了,但对于英语本族语的人而言,"So much for"有消极、贬损的意味:谢天谢地,终于完事了(Allanson 等,2004)。教师不恰当的或不富于变化的目的语输出形式,一旦被学生接受、吸收(intake)很容易形成僵化,而且是整个班级的群体僵化。现在英语教师们仍然挂在口上的"So much for..."多半就是长期"师承"的结果。

其次,来自教师的反馈和学生的过渡语僵化也有很大的关系。根据 Vigil 和 Oller(1976),交际中的反馈包括认知和情感两个方面。认知反馈是指对谈话内容的实际理解做出的反馈;情感反馈是指交际双方给予对方的促动性支持,一般通过面部表情、声调或手势等来实现的。肯定的反馈会使学习者认为他的语言形式是正确的,并固定下来。如果说话方的语言不正确,但听话者表示了肯定的情感反馈和认知反馈,说话者的错误就可能加强,并且固定下来,形成错误僵化。例如,在英语课堂上,英语教师和学生有关学校生活的一段对话:

Teacher:Some students told me they have not got accustomed to the life here, especially Hangzhou food. How about you?

Student:Just so-so. But I very like Hangzhou food.

Teacher:Why?

Student:Because I think Hangzhou food is delicious.

Teacher:Really?

Student:Yes. I eat much more here than at home and I'm getting fat.

Teacher:OK(smile). What dish is your favorite then?

Student:...

Teacher：…

这是一段英语课堂上很常见的对话，显然对话存在很大的改正余地：so-so 在英语中是个不错的词，但西方人也用很多其他的表达方式表达类似的意思，即便使用 so-so，前面也不必加 just；very 修饰动词时，应和 much 一起置于动词宾语后，如 I like the food very much。delicious 也是个好词，用来形容食品鲜美可口，但被中国人用得过于频繁，有过犹不及的意味；另外，说某人 fat 很失礼，overweight 则是比较礼貌的说法(陈慧媛，1999)。对话中，教师给学生提供的是肯定的情感反馈(smile)和肯定的认知反馈(OK.)，这在某种程度上暗示学生使用的语言是正确的，所以将来该学生在遇到类似的话题时，就很可能使用类似的表达方式，长此以往，其语言包括其中错误就很可能僵化了。防止僵化最好的方法是肯定的情感反馈与否定的认知反馈，前者鼓励学生继续语言尝试，后者示意学生应做必要的调整和修改(陈慧媛，1999)。所以，教师在传授知识的同时，要正确运用反馈，教会学习者学习的方法，激发他们学习外语的内在动力，促进他们全面发展。

其次，教师移情与学生过渡语僵化相关。所谓移情，就是设身处地从别人的角度看问题(Arnold，2000)，对别人的思想、观点和情感能够产生共鸣(Stern，1983)。移情对外语学习的各个方面都是必要的。在学习和交际过程中，由于能力所限，学生判断失误或犯错在所难免。在这种情况下，学生非常需要来自教师的移情；教师有时忘记了自己学英语的经历，对学习者的错误过于苛刻，使课堂学习出现情感危机，加剧了抑制心理的作用，致使教学效果受到影响(王初明，1996)，导致过渡语僵化现象的产生。比如，有的教师在纠正学生发音时说："你怎么老是发不好这个音。"简短的一句评语扼杀了学生的自信心，使其放弃了努力，最终导致某个错误发音的僵化(吴丁娥，2001)。

最后，外语教师语言观与学生过渡语僵化相关。基于对语言本质的认识与理解，人们建构了自身对语言的看法，即所谓语言观(罗爱梅等，2005)。综观语言学研究和外语教学的历史，人们对语言的看法主要有符号观、心理观和社会观三种，由此产生了不同的外语教学方法(夏谷鸣,2003)。持语言符号观的教师认为语言是一门知识,把关注的重点放在语言结构上。外语教师的语言观影响他的教学模式和方法,近乎"应试"教育的外语教学模式就是语言符号观点的体现。长期以来我国外语教师受符号语言观的影响,在教学中过分强调语法和词汇知识以及应试技巧的传授,对外语运用能力重视不够。结果,学生的外语应试能力全面提高,可以应付国内外各种相关测试,但他们用外语交际的能力却没有相应的提高,甚至很多学生的过渡语能力出现了僵化。

持心理语言观的教师关注语言编码与解码的心理过程,在教学中容易脱离现实社会环境,最终还是不能帮助学生形成语言交际能力;而持社会语言观的人们把语言看作是一种社会现象,认为应该把语言研究与语言使用者及使用环境联系起来,重视语言的社会性和交际性(夏谷鸣,2003)。在教学实践中,如果外语教师过分强调语言环境的创建,忽略语言形式的加强,学生的语言输出质量就很难提高。

事实上,语言观只是反映语言研究的不同侧面,没有正误之分。外语教师的语言观应是全面的、整合的,是语言形式和意思的辩证统一(夏谷鸣,2003)。另外,外语教学的本质是学生学的过程而不是教师教的过程(梅德明等,2004)。应真正让学生参与到教学中,而不只是被动地接受知识。教师应从准备和讲述大量例句和语言点中解放出来,把更多的时间留给学生,教师可以用更多的时间和精力来准备、管理和组织课堂活动,使英语课堂成为学生语言学习和实践的最佳场所。

所以教师在不断加强自身目的语水平、优化目的语输出的同时,必须遵循外语教学和学习的规律,突出学生的主体地位,帮助他们明确学习目标,尽可能为其创造和提供良好的课内、外英语学习和实践的机会,使他们能够对自己的学习负责,进行有针对性的、积极高效的自主学习。在教学的各个环节都应突出以学生为中心的原则,教学的具体内容应对学生有吸引力,便于他们自主学习。一方面能够满足学生情感、心理等需要,另一方面能够保证适应社会发展对英语的真正需要。教师还应该培养学习者勤奋谦虚、乐于助人的作风;对于学习者的表现,多给一些鼓励和赞扬,少给一些批评和讥讽;另外,如果教师能够以身作则,摒弃家长作风,正视错误并不断自我完善,那么师生间的关系将会更加融洽,外语教学效果将会更加令人满意(刘晓红等,2004)。

3.5　结束语

过渡语僵化产生的原因是多方面的,本章以中国的英语教学为背景,从教材、课堂教学和教师因素三个方面探讨了过渡语僵化现象教学成因。英语教学是一个系统工程,还涉及大纲、评估、教学行政管理等诸多因素,例如大纲和评估的导向作用,评估手段、内容和形式的单一,教学行政管理的不足,都和学生的过渡语能力的发展有着密切的关系。

中国学生学习英语多年,但听不懂、讲不出、不能写,是过渡语应用能力暂时僵化的表现。在教学过程中,英语教育工作者在考虑其他因素的同时,应该不断提高自身素质,科学地编写、选用教材;正确认识和尊重学习者的情感,充分发挥情感因素的积极作用;应该为学生创造良好的自主学习条件和氛围,培养学生自主学习的观念和策略,在学生与学生、学生与教师之间培养健康、融洽的人际关系。在教学过程中,要正确运用反馈,激发他们学习英语的内在动力,促进他们全面发展;鼓励学生充分利用身边的各种资源,多看原版书籍、电影、电视,多接触地道的语料,于无意识中学习目的语,避免和减少过渡语僵化的发生(郭继东等,2005)。完全避免僵化的产生是不客观的,但是我们可以缩短僵化的时间和防止部分语言项目的僵化,使学生的过渡语能力不断向目的语靠近。

第四章 过渡语僵化现象情感成因

僵化是过渡语体系明显的特征。情感因素是僵化形成的重要原因之一。本章主要从外语学习动机、态度、焦虑和移情等方面,探讨过渡语僵化现象的情感成因。外语教育工作者在考虑其他因素的同时,应该正确认识和尊重学习者的情感,充分发挥情感因素的积极作用,预防和减少僵化的发生。

4.1 引言

过渡语(又译中介语、语际语,等等)(interlanguage)(Selinker,1972)指的是外语或二语学习过程中,学习者使用的介于母语和目的语之间的语言体系。它既具备学习者母语的特征,也带有其所学习的目的语特点。过渡语最明显的特征,也是最让语言学家感到不解的是它的僵化性(fossilization)(戴炜栋等,1999)。僵化指的是过渡语中的某些语言项目、语法规则和系统知识还没有达到目的语状态时就停止发展,某些语言错误已经作为一种语言习惯固定下来,进一步学习也不能改正。Selinker(1972)认为,二语学习者可能有95%的人不能最终达到目的语的水平,即绝大多数二语学习者的过渡语不能达到其连续体的终点。僵化可以出现在语言的各个层面上。根据 Selinker 的观点,僵化现象包括个体僵化和群体僵化。学习者的个体僵化现象大体表现为语言能力的僵化和错误僵化。语言能力的僵化指过渡语在语音、句法结构和词汇等方面的僵化。当业已僵化的外语能力具有普遍性时,甚至成为整个社会的正常现象时,就成为群体僵化。在外语学习和使用过程中,人们难免要犯各种错误,但有些错误经常出现,成为顽固性的错误,这种现象就是错误僵化。僵化对外语学习成绩和运用能力的提高造成很大的障碍,它造成外语学习事倍功半、徘徊不前的尴尬局面,因此有必要对其成因进行研究。

4.2　过渡语僵化现象情感成因

Ellis（1999）对僵化成因的研究成果进行了总结后指出,过渡语僵化是其外因和内因共同作用的结果。内因指学习者的年龄和缺乏融入目的语社会或文化的愿望;外因指的是交际压力、缺乏学习机会和对学习者第二语言的反馈性质。

事实上,僵化现象产生的原因众多(戴炜栋,1990),任何单一的原因都不足以解释错误僵化的形成(Ellis,1999)。人们对外语学习者至少进行了三十多年的研究,揭示出情感是影响外语学习最主要的两个因素之一(王初明,2001)。在外语教学中,情感是指学习者在学习过程中的情绪和感觉等,其发展变化涉及性格因素以及对人对己的感受(Krashen,1982)。影响外语学习的主要情感因素包括动机、态度、焦虑、移情和关系因素等,如果其活动规律遭到破坏,某些情感问题得不到关注或解决,学习者就会出现某种情感紊乱,容易犯各种各样的错误,最后外语学习停止不前,形成僵化,严重影响外语学习效果。尽管学习者的情感状态会直接影响到他们的学习行为和学习效果,但国内对语言教学中情感问题的研究尚未多见(项茂英,2003),探讨外语学习者过渡语僵化现象情感成因的研究更是难得一见。

4.2.1　过渡语僵化与学习动机

外语学习的动机是指学习者学习外语的愿望和推动力(Dulay等,1982),它是在语言学习诸个体因素中最具有能动性的因素,也是语言学习成功与否最重要的因素之一(李炯英,2003)。有强烈动机的学习者,外语学习目的明确,积极主动,持之以恒,奋发向上,勇于克服困难,进步较快。如果学习者缺乏外语学习动机,则外语学习缺乏目的性,没有动力,得过且过,对学习或交际中出现的各类错误视而不见,听而不闻,表现出冷漠、无所谓的态度,致使错误僵化,外语学习效果微乎其微,甚至外语水平下滑。桂诗春(1985)认为造成学习者外语学习动机低落的原因主要有:①对外语不感兴趣或其他课程学习负担重,学生不能兼顾;②感到外语难学,失去信心;③教师教学不得法,教学条件差;④受民族情绪的影响,对所学外语有反感;⑤认为所学语言与自己的专业和将来的工作关系不大。Oxford 和 Shearn(1994)在分析了十二种主要动机理论后,认定影响语言学习动机的因素主要有学习者对目的语及相关因素的态度,语言学习的自信心,积极主动参与语言学习的程度,学习目标,外部支持和天赋、年龄、学习经历等个人属性等。外语学习动机分为内在动机和外在动机等,多数研究表明如果一项学习任务在开始和持续阶段都能有力地驱动学习者的内在动机,将有效防止语言僵化现象(张雪梅,2000)。所以,在外语教学中,应该努力激发学习者的动机,帮助他们树立外语学习正确目标和信心,培养外语学习的兴趣,这对于提高外语教学和学习的效率,克服和化解僵化现象十分重要。

4.2.2　过渡语僵化与学习态度

外语学习中有三种基本态度:对目的语社团和操该目的语成员的态度,对学习该语言的态度,对语言和语言学习的一般态度(Stern,1983)。作为一种情感因素,态度对某一目标的具体实施和最终取得成功都极其重要。如果对目的语国家持消极态度,甚至轻蔑或敌意就会形成对该语言的抵制情绪,为外语学习设下心理上的障碍。因此,在语言学习过程中容易出现僵化不足为奇。有研究表明,害怕具有目的语社团的某种特性能阻碍二语习得(Selinker,1992)。Zuengler(1989)指出,二语学习过程不仅表现为对二语的输入,同时也反映学习者想要与何人有关联。为了不被自己所属族群列为"异类",学习者可能会有意无意地通过讲目的语的非标准变体来使自己有别于目的语社团,因此僵化也就出现了。如果学习者对某国的语言和文化抱有积极的态度,渴望通过对其语言的学习,了解该国的历史和文化,吸取先进的科技知识,甚至希望进入该目的语国家工作或生活,就可以拉近情感上的距离,增强学习该语言的内在动力,在学习该语言的过程中,就会兴致盎然,事半功倍。

学习任何学科都有一个端正态度的问题,但是语言和情感紧密结合在一起,对待外语的态度在外语学习中显得更为重要(王初明,1996)。人类语言是相通的,都是人们用来进行交际、认识世界和艺术创作的有声符号系统,并不神秘。同时,外语学习是一个十分复杂的认知过程,不能一蹴而就,学习者在学习和使用外语的过程中,犯各种各样的语言、语用错误是正常的。况且外语学习的最终目的是进行交际,不是为了自我炫耀。在学习过程中,如果学习者对语言和语言学习能够正确认识,对所学语言感到新奇,认为语言的许多方面都是相通的,而且把外语学习当成一种自我提高自我完善过程,外语学习则是件令人愉悦的事;相反,把外语神秘化,认为外语学习与自己相之甚远,而且不能正确认识学习中的差错,学习效果就会受到很大的影响。所以,对外语以及它的使用者和文化持积极态度,可以促进外语学习,持消极态度对外语学习就造成阻碍(Ellis,1999)。根据情感过滤假设(the affective filter hypothesis)(Dulay 等,1977;Krashen,1982),消极态度是一种过滤器,阻碍学习者对目的语信息的输入和运用,影响学习效果。

4.2.3　过渡语僵化与学习焦虑

焦虑是影响二语习得成功与否的情感因素之一,要提高学习主体的学习效率,显然要降低学习主体的情绪焦虑感(Krashen,1982)。一般认为焦虑是指个体不能达到目标或克服障碍的威胁,使其自尊心与自信心受到挫折,或使失败感和内疚感增加而形成的紧张不安、带有恐惧感的情绪状态(王银泉等,2001)。外语学习过程中的焦虑主要表现为交际恐慌、负评价恐惧和考试焦虑等。

交际恐慌是指个人或他人的真实或预期交际产生的恐惧或焦虑程度,典型的交际恐慌行为是回避或退缩(McCroskey,1978)(王银泉等,2001)。结果,学习者失去许多锻炼和学习的机会,一方面,一些语言错误得不到及时有效的调整或纠正,形成错误僵化;另一方面,由于学习者使用避免、简化等交际策略,其某些外语能力不能进一步得到巩固和提高,造成语言能力的僵化。在英语作为第二语言的课堂中存在交际恐慌,它似乎成了学生掌握英语的羁绊(Foss 等,1988)。

在外语学习者预感别人将对自己做出负面评价,害怕外界评价或回避带有评价性质的评论等,都是负评价恐惧的表现。学习者往往采取缄默、回避和过分依靠外界帮助完成学习和交际任务等消极方法,作为心理防御机制来自我保护,严重影响学习效果。

考试焦虑是对考试成绩的担心,害怕考不好。复习期间,无所适从,抓不到重点,不能安心学习;考试期间,过于紧张,精力不能集中,容易出现各类不应该的错误;考试后急躁不安,而后常常出现后悔心理。这样,外语学习效果和考试成绩都受到严重影响,出现僵化在所难免。

4.2.4 过渡语僵化与移情

所谓移情,就是设身处地从别人的角度看问题(Arnold 等,2000),对别人的思想、观点和情感能够产生共鸣(Stern,1983)。移情对外语学习的各个方面都是必要的(Schumann,1975)。移情问题在用外语交际中显得尤其突出。外语学习者一方面需要了解听话人的情感状态,同时也要用尚未完善的个人过渡语系统,达到交际的目的。在表达思想时,由于语言上的障碍,学习者不能做出正确判断,出现误解在所难免。在这种情况下,学习者非常需要来自教师的移情;而教师有时却忘记了自己学外语的经历,对学习者的错误过于苛刻,使课堂学习出现情感危机,加剧了抑制心理的作用,致使教学效果受到影响(王初明,1996),导致过渡语僵化现象的产生。比如,有的教师在纠正学生发音时说:"你怎么老是发不好这个音。"简短的一句评语扼杀了学生的自信心,使其放弃了努力,最终导致某个错误发音的僵化(吴丁娥,2001)。

学习者之间需要移情,他们更需要教师的移情。教师应该培养学习者勤奋谦虚、乐于助人的作风;对于学习者的表现,多给一些鼓励和赞扬,少给一些批评和讥讽;另外,如果教师能够以身作则,摒弃家长作风,正视错误并不断自我完善,那么师生间的关系将会更加融洽,外语教学效果将会更加令人满意。

4.2.5 关系因素与过渡语僵化

课堂交往(classroom transactions)和跨文化过程(cross-cultural process)是影响外语学习和使用的两个重要关系因素(Arnold 等,2000),本节试从它们的角度,对过渡语僵化现象进行探讨。

4.2.5.1 过渡语僵化与课堂交往

外语学习课堂是学习者和教师进行外语学习的场所,也是他们进行人际交往的特殊社会环境,在这种环境下形成的学习者和教师之间以及学习者与学习者之间的关系,势必在很大程度上影响外语学习和教学的过程和效果。

根据 Vigil 和 Oller(1976),僵化出现在交际过程中(高远,2002)。交际有信息传递和情感交流两个功能。交际中说话方和听话方相互角色转化。说话方发出话语,听话方做出认知和情感反馈。认知反馈是指对谈话内容的实际理解做出的反馈,情感反馈是指交际双方给予对方的促动性支持。肯定的认知反馈会使学习者认为他的语言形式是正确的,并固定下来。如果说话方的语言不正确,但听话者表示了肯定的情感反馈和认知反馈,说话者的错误就可能加强,并且固定下来,形成错误僵化。所以,教师在传授知识的同时,要正确运用反馈,教会学习者学习的方法,激发他们学习外语的内在动力,促进他们全面发展。其次,在完成外语学习任务过程中,不同水平学习者可以进行合作学习,这能够增进彼此认同、彼此了解,从而可以降低学习中的焦虑感,增强自信心,以积极、乐观的态度面对外语学习,尤其是学习和应用过程中出现的错误,减少僵化的出现。

外语教学活动决非单向的信息流动过程,它是师生共同参与学习知识、认识世界的活动,学习者与教师以及学习者与学习者之间存在着相互促进、彼此推动的关系。在我国,外语学习者之间及他们与教师的外语交流主要通过过渡语来实现,由于教师和学生之间的交际有限,学习者间的过渡语话语就成为他们提高语言技能的重要手段(范烨,2002),而且有研究表明,学生之间过渡语错误明显多于学生同教师或学生同本族语使用者之间过渡语错误(Wong-Fillmore,1992),如不及时调整,很容易形成僵化。

所以,在教学实践中,教师首先要营造一个民主平等、尊师爱生、轻松愉悦的外语学习和交际氛围,帮助学生提高语言的自我意识,鼓励学生在外语交流后反思自己的言语行为,向他们指明过渡语的常见错误,以改进语言质量(李炯英,2003),克服和消除过渡语僵化,提高外语教学和学习水平。其次,因为教师的语言是学生语言输入的重要来源,所以教师本人应不断提高自己的外语水平,力争不犯或少犯错误,提高对学生的语言输入质量,减少他们产生过渡语僵化的机会。再次,教师在纠正学生的外语错误时,一定要注意方式方法,应以不伤害学生的自信心和自尊心为前提。对比较常见的错误,可以集中在全班统一处理,对个别现象,可以用适当方式私下更正。最后,应鼓励学生充分利用身边的各种资源,多看原版书籍、电影、电视,多接触地道的语料,于无意识中学习目的语,避免和减少过渡语僵化的发生。

4.2.5.2 过渡语僵化与跨文化过程

语言和文化密不可分,语言是文化的组成部分,又是表现和传承文化的载体和媒介。我们外语学习的最终目的是进行跨文化交际。文化教学是外语教学的重要组成部分,这已经成为人们的共识。根据文化适应理论(the acculturation)(Schumaan,1978),外语学习是一个逐渐适应新文化的过程,一个人与目的语文化融合的程度制约他的外语水平。在外语学习过程中,由于缺乏必要的目的语文化知识,学习者经常产生困惑不安或失去安全感的情绪,即文化冲击(cultural shock)。文化冲击常常伴有学习者内心的疏远、气愤、敌意、悲伤、甚至生理疾病等(Brown,1994)。另外,由于历史遗留和民族自尊等原因,学习者对目的语文化不能正确认识,常常以固有的观念和自己的价值标准对其评判,结果造成学习过程中的抵触或不安心理,抑制了外语学习进程。文化适应是每位二语学习者都会碰到的问题,如果不能很好地解决,不仅会造成学习者的过渡语僵化,而且还会产生文化疲劳和文化抵触(吴丁娥,2001)。

另外,很多学习者经过多年的学习后,对所学习的外语语音、词汇、语法和篇章特点等有了很好的掌握,具备了很好的语言能力,甚至有的学习者的外语口语已经达到非常流利的程度,但这不等于他们已经具备了能够和以外语为母语的人轻松、得体地交际能力。其中一个很重要的原因就是学习者过渡语用能力的僵化。如果学习者在学习过程中过分强调语言形式的学习,对目的语社会文化接触和了解不足,缺乏跨文化交际的语用能力,就不能在特定的语境中灵活、有效地使用所学习的外语达到成功交际的目的。

通过学习一门语言,可以了解一种文化;而了解一种文化,又可帮助加深对其语言的理解。没有一定的目的语文化背景知识,会对学生的语言学习产生消极影响(王英鹏,1999)。由于种种原因,我国外语教学不重视文化的导入,只强调语言点的讲授,这不仅影响了外语教学和学习的不断深入,使外语学习成为学生的一种机械、乏味的负担,更严重的是制约了学生跨文化交际能力的发展。所以在教学过程中,外语教师必须重视目的语文化的导入。

首先,要帮助学生端正态度,消除偏见,平等对待和正确评价目的语文化,培养学生对目的语文化的好奇心和求知欲。其次,要向学生讲明目的语文化对掌握目的语的重要性,激发他们学习目的语文化的紧迫感和责任感。再次,也是最重要的,就是语言教师要注意目的语文化导入的艺术性和系统性。除了以口头介绍的方式直接向学生阐述目的语文化外,可以根据条件,采取诸如目的语文化节、个案分析、角色扮演、电影欣赏等方式为学生模拟和创建目的语文化氛围,让他们在亲身体验中感受和了解目的语文化。另外,也可以采用任务教学方法,通过布置作业让学生进行探究式学习。让学生首先就某个相关文化现象去图书馆或上网查资料,并对资料进行整理、分析,然后通过在班级做公开演示等形式,把自己的发现或结论呈递给大家。这一方面使学生在寻求答案、满足好奇的过程中,学到了目的语文化知识,产生对外语学习的兴趣并获取成就感;另一方面,可以培养他们自主学习和与人交往的能力。最后,语言教师的情感鼓励也十分重要。当学生表现出对目的语文化的熟悉或良好驾驭能力时,教师应及时真诚地予以表扬,在班级中形成重视目的语文化和激励学习目的语文化的氛围,使外语学习成为一种愉快的过程,而不是一种沉重的压力。

4.3　结束语

过渡语僵化产生的原因是多方面的,本章探讨了过渡语僵化现象情感成因。我们认为,外语教育工作者在考虑其他因素的同时,应该正确认识和尊重学习者的情感,充分发挥情感因素的积极作用。在教学过程中,教师要对学生进行学习外语的目的教育,形成良好的学习动机和态度,增强他们学习外语的兴趣和积极性;另外,教师应该为学生创造良好的学习条件和氛围,在学生与学生、学生与教师之间培养健康、融洽的人际关系;同时,教师也应该不断提高自身素质,给学生以高效、积极的教导和影响。一方面,可以帮助学习者正确认识外语学习,消除外语学习的情感障碍,提高外语学习效率;另一方面,可以帮助外语教师对学生的语言系统进行恰当、系统的分析,了解学习者的学习策略等,从而对教材、教法等做出有针对性的调整或安排,提高教学质量。完全避免僵化的产生是不客观的,但是我们可以缩短错误僵化的时间和防止部分语言项目的错误僵化。

过渡语僵化是外语学习过程中出现的不可避免的现象,对外语学习成绩和运用能力的提高有很大的消极影响。建议外语教师在教学过程中,充分发挥自己的主导地位,在考虑其他因素的同时,应该努力创造良好的课堂交往氛围,提高对学生的外语输入质量,以积极、恰当的方式对学生的外语输出进行反馈,不断加强目的语文化的输入,以避免或减少僵化的出现。

第五章　二语交际回避现象的负效应及其教学启示

　　回避作为一种交际策略,在实际交际过程中有一定的积极作用,但是在英语学习阶段,如果学生过多地使用或依赖回避手段,则无益于自身语言能力的提高,甚至会导致英语综合应用能力,特别是口语能力的僵化。因此,探讨学习者在交际和学习中采用回避策略的原因,正确认识其对英语学习的消极影响,并提出行之有效的解决对策,对提高英语教学和学习的效率,促进学生交际能力的发展,具有重要意义。

5.1　引言

　　在英语教学实践中,人们经常会注意到一种现象:很多学生在各种教学环节中,特别是需要用英语进行口语交际的时候,缺乏主动性,对一些提问敷衍塞责,应付了事,消极地处理一些难点,甚至通过简单的"Sorry."或干脆默不作声放弃难得的参与英语学习和实践的机会。这就是英语学习和交际中的回避现象(avoidance)。回避作为一种交际策略,在实际交际中可以帮助学习者回避用英语无法表达的概念或事物,使交际不必中断,有一定的积极作用,但是,在英语教学和学习过程中不宜过多使用,否则就会演变成被动的躲避,使英语教学和学习效果受到很大消极影响。

5.2　二语交际中的回避策略

　　在第二语言习得研究领域,回避这个概念最早是由 Schachter 于 1974 年提出的,指的是学习者消极地处置学习过程中的一些难点,主动放弃某些规则或词汇的使用,以求得语言的正确性(裘姬新,2004)。例如,学生在使用修饰形容词的副词时,不管程度如何,经常用 very,而 quite、rather、fairly 这些表示不同程度的副词却很少使用(田静,2005)。后来,语言学家从不同的角度研究发现,回避不仅包括学习者对某种语言形式、规则、语用和相关文化的回避,还包括对某一话题(topic)的回避和对表达某一信息(message)的放弃等,采用回避策略是为了求得语言交际的正确性和调整交际的目标(束定芳等,1998)。Kellerman(1992)(转引自 Ellis,1999)从学习者掌握目的语熟练程度的角度,区分了回避发生的三种情况:一是回避发生的最低条件。学习者知道或预料到有交际问题,而且学习者至少对目的语形式有粗略的了解。第二种情况是,学习者懂得目的语,但认为在某种特定环境下难以使用(比如在交谈的语境中)。第三种情况是,学习者知道说什么,如何说,但他们宁愿不说,否则他们认为是对本族行为规范的蔑视。我们认为,二语习得框架下回避现象的发生多属于前两种情况,毕竟大部分学习者的二语水平不可能达到运用自如的程度。从语言学习心理的角度,我们认为,由于目的语能力有限,有的学习者因为害怕表达出错,丢面子,出于自我保护,获得心理安全的目的,才采用回避策略的;有的学习者采取回避策略,是由于他们对目的语学习目标不明确,缺乏学习的动力,持消极甚至抵制的态度;在测试情况下,学习者希望获得好的成绩,往往会出于稳妥的考虑,不使用没有把握的词语或表达方式等;有的学习者为了减少大脑的语言编码压力,实现表达的流畅性,也会刻意地回避一些不擅长的语言项目。

5.3 交际回避现象负效应:口语能力僵化

回避策略可以帮助学习者处理一些交际困难,但其负面效应也不能忽视。频繁地使用回避策略,容易造成学生外语口语出现僵化。僵化对外语学习成绩和运用能力的提高构成很大的障碍,造成外语学习事倍功半、徘徊不前的尴尬局面。

僵化是外语或二语学习者使用的介于母语和目的语之间的过渡语的重要特征。过渡语是既具备学习者母语的特征,也带有他们所学习的目的语特点,并逐渐向目的语靠近的语言体系,而僵化指的是过渡语中的某些语言项目、语法规则和系统知识还没有达到目的语状态时就停止发展,某些语言错误已经作为一种语言习惯固定下来,进一步学习也不能改正(Selinker,1972)。事实上,很少学习者能够达到过渡语的终点,即不能达到以目的语为本族语人们的语言水平,比如,以英语为外语的学习者的英语水平很难达到以英语为本族语人们的水平。

　　学习英语的学生在口语交际时,如果总是使用回避策略,使用一些比较熟悉的词汇、句子结构和相关文化语用知识,或者放弃口语交际机会,而不是大胆使用一些新学的语言项目,对新学习的语言知识进行输出锻炼,他们的英语口语水平就很难提高,甚至容易出现僵化现象。一方面,一些语言错误得不到及时有效的调整或纠正,形成错误僵化;另一方面,新学的语言知识不能得到及时的验证、提炼和转化,某些英语能力停留在表面,不能进一步巩固和提高,造成英语交际能力的僵化。具体表现为口语词汇量比较贫乏;输出形式单一,不富于变化;输出内容枯燥,没有新意;语间停顿时间过长,有时会出现冷场;甚至有的学生在用英语交际时,不能开口。中国学生学习英语多年,口语水平不理想,就是他们的英语口语能力出现了暂时僵化的结果。有学者经过调查研究发现,中国英语专业二年级学生口语功底薄弱,表现在语法、语音和用词能力不过关,讲起话来思路狭窄,文不对题等(文秋芳,1999);至少54.4%理工科大学生口语存在僵化现象(刘润清等,2004)。

　　作为一种交际策略,回避策略在社会交往中与在学习过程中的作用是有所不同的,在社会交往中,回避策略的使用有利于疏通障碍,使得交际顺利进行;而在学习过程中,过多使用回避策略对提高语言的能力具有消极作用(罗青松,1999)。

5.4　缓解英语交际回避现象负效应的对策

5.4.1　运用情感教学策略,消除学生学习英语的情感障碍

　　在英语口语交际中,学生采用回避策略的原因除了他们口语能力不足以外,更重要的是他们受英语学习情感障碍的困扰。人们通过对外语学习者的研究发现,情感是影响外语学习的两个最主要因素之一(王初明,2001)。在外语教学中,情感是指学习者在学习过程

中的情绪和感觉等,其发展变化涉及性格因素以及对人对己的感受(Krashen,1982)。总体而言,情感是对周围事物态度的反映,个体在认识客观事物过程中,如果其情感活动规律遭到破坏,就会表现出某种情感的紊乱,即情感障碍(文卫平等,1998)。外语学习的情感障碍主要表现有学习者动机不明确,学习过程中缺乏自信,注意力不能集中,甚至处于紧张、焦虑或恐惧的状态,最终形成对外语学习产生厌烦、完全抵触的心理(刘晓红等,2004)。所以必须在教学中采取相应策略,消除情感障碍。

首先,外语教师应帮助学生正确认识外语学习,明确外语学习的目的,增强口头表达的自信心和兴趣。比如教师应该让学生了解,人类语言是相通的,都是人们用来进行交际、认识世界和艺术创作的有声符号系统,并不神秘;外语学习是一个十分复杂的认知过程,不能一蹴而就;学习者在学习和使用外语的过程中,犯各种各样的语言、语用错误是正常的;外语学习的最终目的是进行交际,不是为了自我炫耀;外语交际能力的培养,仅仅靠背单词和做练习题是不够的,还需要大量的口头实践,否则外语能力的发展是不平衡的。另外,外语教师应帮助学生,特别是那些性格内向或口语能力较弱的学生,树立阶段性、可行的循序渐进性目标。这些学生一旦实现这些目标,他们参与口语交际的自信心就会加强。

其次,营造良好的课堂教学心理氛围,激励学生外语学习动力,降低口头表达的焦虑感。教师在传授知识的同时,要教会学习者学习的方法,激发他们学习外语的内在动力,促进他们全面发展。比如,在教授英语生词时,应向学习者传授常用记忆生词的方法,如:对比法、分解法、归纳法、循环法等。教师可以随时根据来自学习者的各种反馈,调整教学,提高思想道德和专业技术水平。另外,在外语教学过程中,教师应该培养和鼓励学生与学生之间,学生与教师之间,相互理解、支持和帮助;教育学生不要因为自己的口语好而嘲笑口语不好的同学;也不要因为自己的口语能力弱而感到自卑。对于学生的表现,尤其是口语能力弱的学生,多给一些鼓励和赞扬,少给一些批评和讥讽;对于学生所取得的成绩,要及时给予认可和表扬,给他们以成就感。对于学生的语言错误不能过于苛刻,对于比较严重或比较普遍性的错误,可以采取不针对个人的集体纠错法。比如,教师可以把不同学生犯的语言错误集中到一个句子当中,写在黑板上,和大家一起分析改正。教师也可以针对自己进行纠错。比如,在某个教学阶段,教师把一些学生犯的语言错误汇总后,写在黑板上,并向学生说:这些是我上学时用过的句子,大家看看有何不妥? 这样一来,学生一定会兴致盎然,不仅在轻松的氛围中纠正了语言错误,同时也拉近了与教师的距离,更重要的是使学生正确认识到外语学习犯错是不可避免的,不再担心因犯错而感到尴尬,降低了口头表达的焦虑感,大大增强了他们的参与意识。

最后,教师应培养学生英语学习的"冒险"精神。第二语言学习中的回避现象实质是对学习中的不确定性的回避,是学习者不愿意承担学习过程中的风险而采取的一种消极手段(阮周林,2000)。所以,为了帮助学生减少回避现象及其负效应,有必要培养学生一点"冒险"精神。教学中,教师应鼓励学生使用新学的语言知识,勇敢地面对交际困难,而不是通过回避策略来逃避交际任务。

5.4.2 开设英语教学第二课堂,创造口语输入、输出机会

杭州电子科技大学外语学院课题组于 2006 年随机对国内 23 所各类高校学生做了问卷调查,在被调查的学生中,高达73.9%的学生对自己的英语学习状况不满意,近 60%的学生最想提高英语的听说能力,81%以上的学生认为目前英语学习和教学过程中最缺乏语言环境。赵露(2005)经过调查发现,学生普遍认为英语口语表达能力很重要,而他们自身却缺乏这种能力,而课堂口语教学又不能有效地改变这种情况,所以绝大多数学生认为开展第二课堂口语教学活动很有必要,并表示愿意花时间和精力参加第二课堂英语教学活动。

语言学习的过程就是一个语言输入——语言加工——语言输出的过程。学习中仅有语言的输入和加工,语言知识就是死的;语言知识只有在不断地使用和交际中,才能被消化吸收,即输入的语言知识需要输出来盘活(蔡基刚,2006)。由于受课时和教学需要限制,大学英语课堂不能给学生提供足够的英语输出机会,即使用英语的机会。而学生缺乏学习和使用第二语言的机会是形成过渡语僵化的一个重

要原因(Ellis,1999)。口语能力的提高不能靠上一、两节口语课,口语课只起到示范作用,在课堂上学到的东西要转移到课外去;口语能力的提高是一个从量变到质变不易察觉的过程,必须持之以恒(桂诗春,1997)。而对大多数非英语专业的学生而言,根本就没有正式的口语课,因此,他们口语能力的发展受到更大的限制。

由于种种原因,在中国,课堂是英语学习和交际主要的,甚至唯一场所。因为大部分课堂时间被教师占用,学生失去了本来就少的语言输出机会,特别是口语输出机会。一方面,一些语言错误得不到及时有效的调整或纠正,形成错误僵化;另一方面,新学的语言知识不能得到及时的验证、提炼和转化,某些英语能力停留在表面,不能进一步巩固和提高,造成英语能力的僵化。所以,非常有必要开设英语教学第二课堂,为学生创造口语输出机会,为他们构建口语实践的平台,让他们在实践中积累和学会口语交际的知识和技能,增强口语交际的自信,这样他们在实际口语交际中,就会言之有物、侃侃而谈,而不会采取消极的回避策略,影响交际的顺利进行,甚至造成交际的失败。

英语教学第二课堂,可以采取多种形式,比如网上英语之家、英语口语角、英语电台、英语戏剧表演、英语文化周、校园英语茶室、英语窗口、英语实习基地、校园英语一条街,等等。英语教学第二课堂不仅可以丰富和优化学生语言输入,为学生提供更多英语输出机会,增强他们对英语学习的参与和关注意识,大力发挥其主体作用,而且也是对学生情感因素和个体差异尊重的体现。只要学校相关部门积极配合,建立健全科学的监管和评估体系,英语教学第二课堂一定会在教学中发挥重要的作用。

5.4.3 鼓励和培养学生合理地使用成就交际策略

交际策略(communication strategies)这个概念是由语言学家Selinker 于 1972 年首先提出的,他认为交际策略是过渡语形成的重要因素之一,但是没有对交际策略的内涵和外延做出明确的界定。后来,有学者主要从过渡语和错误分析的角度探讨交际策略的意义、分类和交际作用等问题。Faerch 和 Kasper(1983)根据交际策略对外语学习的作用,把交际策略分成缩减策略(reduction strategies)和成就策略(achievement strategies)。当学习者遇到表达困难时,通常有两个选择:一是回避,二是设法解决。回避的方法是采用缩减策略来调整原来的交际目标,设法解决就是采取成就策略。因为缩减策略通过回避改变了原来的交际目标,一般不会产生习得;成就策略因其涉及形成假设并利用反馈对假设进行验证,因而有促进外语习得的可能。对英语学习有较大积极作用的成就策略主要包括直译、描写、举例、重组等非合作策略,直接求助和非直接求助等合作策略,等待和利用语义场等有助于想起忘记的外语项目的检索策略等。

在交际过程中,学生应尽量使用新学过的语言项目,如果因语言能力或忘记而无法表达时,可以利用等待或语义场策略来进行回忆,如果问题仍然不能得到解决,再考虑用其他成就策略,比如向老师或同学求助的合作策略(How do you say...in English?),也可以利用描写(如想表达"水壶",就用"the thing to cook water"来表达)、替代(用 little cat 替代 kitten)、举例(如用 buses, trucks, cars 来表述 vehicles 或 transport 等词的含义)等非合作策略来实现交际目的,交际结束后再查找、确认恰当的表达方式。

无论使用那种策略,都应以完成交际任务为前提。教师应鼓励学生学会反思,在交际过后把当时没有直接表述出来的语言项目重新学习掌握,这样坚持下去,学生的口语交际能力就会大幅度的提高。

成功的使用交际策略可能抑制语言的习得(Ellis,1999),因为学习者可以通过灵活的使用交际策略来弥补目的语知识的不足,从而认为没有必要对新的目的语知识形成假设和验证,造成语言学习进步缓慢,甚至出现停滞不前僵化的局面。但不能完全排斥交际策略教学在外语教学中的作用,交际策略教学的重点应该放在交际策略的普遍规律和语境上,而不是设法对具体的交际策略进行训练(王克非,2000)。因此,策略训练的目标不在于掌握策略的本身,而在于提高学习者的策略意识,增加他们的策略的选择范围,锻炼和培养他们自我监控和自我调控的能力。比较理想的做法是,将策略培训与外语教学融为一体,教师结合外语学习的内容演示策略,学生在完成学习任务的同时使用策略(文秋芳,2000)。

5.5　结束语

　　作为一种交际策略,回避在实际交际过程中有一定的积极作用,但是在英语学习阶段,如果学生过多地使用或依赖回避手段,则无益于自身语言能力的提高,甚至会导致英语综合应用能力,特别是口语能力的僵化。中国学生学习英语多年,可以通过各类英语测试,而且可以取得很高的分数,但他们的英语表达能力十分不理想,是英语口语能力暂时僵化的表现,这与中国学生在学习英语过程中,缺乏参与意识,经常采用回避策略,有很大的关联。为此,英语教师和相关部门,应刻不容缓地采取相应措施,帮助和鼓励学生克服逃避意识,积极参与各类口头交际活动,使英语学习和教学走到语言习得的自然轨道上来。

第六章　非英语专业大学生
英语学习策略研究

　　根据过渡语理论,学习者学习策略和他们过渡语的形成和发展关系密切。本章在回顾国内外外语学习策略相关研究成果的基础上,对我国非英语专业大学生的英语学习策略进行探索性研究。结果主要显示,一些学习策略的使用与大学生的英语水平和性别因素有关;直接策略、间接策略和英语水平间是共变关系。基于以上发现,本章进行了必要的讨论,并就外语学习策略研究和外语教学提出了相应的建议。

6.1　引言

　　20世纪70年代以来,随着过渡语概念的提出,人们越来越关注学习者语言以及影响二语学习效果的学习者个体差异。作为重要的学习个体差异之一,学习策略一直是二语习得、应用语言学和心理语言学等领域的主要研究内容。中国大学生英语学习者,特别是非英语专业大学生人数众多,生源和专业覆盖面较广,具有较大的典型性。因此,对非英语专业大学生的英语学习策略进行探索性研究,对更好地揭示和了解学习策略的特点,对改善英语教学和学习效果,具有一定的意义。

6.2　文献综述

6.2.1　学习策略研究回顾
　　学习策略这个概念是在美国心理学家 Bruner 于 1956 年提出"认知策略"之后逐步在心理学和教育心理学领域形成并确立起来的。二语学习策略研究起步相对较晚,尽管 Carton 于 1966 年出版了研究报告《外语学习中的推理方法》(The Method of Inference in

Foreign Language Study),首次提到了不同学习者使用不同的推理方法学习外语,可谓开启了第二语言学习策略研究的先河。但是,完全意义上的第二语言学习策略研究直到 20 世纪 70 年代中期才逐步展开,研究的重点在于善学语言者的学习策略。20 世纪 70 年代,随着二语教学和学习研究的重点从以教师为中心转移到以学习者为中心的方向上来,作为二语学习者个体差异之一的学习策略才逐渐引起人们的关注,这一时期的研究重点是善学语言者的学习策略。Selinker(1972)提出"学习策略"这个概念,并认为学习策略是二语学习者过渡语系统形成的重要认知因素之一,但他未对学习策略的定义和分类作比较详细的论述。Stern(1975)研究了善学语言者的学习策略,提出了对第二语言习得可能有促进作用的十个策略;同年,Rubin(1975)总结了善学语言者的七条策略。Naiman,Frohlich,Stern,and Todesco(1978)在 Stern(1975)研究成果基础之上,作了进一步的研究,总结出善学语言者的五个特征,为二语学习策略的分类提供了参考框架。20 世纪 80 年代前后,第二语言学习策略研究发展迅速,如 Wenden(1983)通过学习者的自我指导外语学习研究,归纳出三类学习策略,揭示了元认知知识在二语学习的重要性。Politzer 和 McGroarty(1985)通过调查发现外语学习策略的使用与学习者的文化背景密切相关。Huang 和 Van Naerssen(1985)研究了中国学生提高口语能力的学习策略。Chesterfield 等(1985)通过纵向调查研究发现,学习者在不同学习阶段使用不同的学习策略。O'malley 和 Chamot 等学者(1985a,1985b,1987,1989,1990)依据认知学习理论,对第二语言学习者语言水平和学习策略的相关性进行了系列研究,并系统地对学习策略进行了判定、分类和描述;Oxford(1985,1990)在前人研究成果的基础上,对学习策略进行了综合分类,并开发了"语言学习策略问卷"(Strategy Inventory for Language Learning)。因其设计思路清晰、操作性强,该问卷被学习策略研究者广泛采用。20 世纪 90 年代以来,语言学习策略的研究的重点趋于多样化,研究内容涉及影响选用学习策略的动机、性别、学习风格和学习观念等因素、学习策略的培训和学习策略与自主学习关系,等等。

一般认为,从黄小华 1984 年在香港中文大学完成的以 "*An investigation of learning strategies in oral communication that Chinese EFL learners in China employ*" 为题的硕士论文起,国内开始了外语学习策略的研究。之后的几年里,从事学习策略研究的人员很少,相关研究成果鲜见。到了 20 世纪 90 年代,国内学习策略的研究迅速增多,在研究方法、研究视角和研究发现等方面都有突破性的进展,既有对国外学习策略研究成果的引介,也有对中国外语教学环境下学习者策略的原创性研究。根据文秋芳等(2004a)的不完全统计,截止到 2003 年,在英语学习策略研究领域内,我国学者从事的国家级科研项目有六 项,出版的专著有六 部,出版的论文集有两本,在国内外各类期刊上发表的论文 500 多篇,撰写的硕士论文多篇。

6.2.2　学习策略的特点

文秋芳等(2004a)总结了当时近 20 年来的英语策略研究成果,认为我国学生英语学习策略有以下特点:

(1)宏观语言学习观念偏爱倾向一致,进入大学以后没有发生明显变化。

(2)宏观策略偏爱倾向随着语言水平的提高有明显变化,低水平学生的传统语言知识学习活动明显多于语言交际活动,高水平学生的语言交际活动明显多于语言知识学习活动。学习进步快的学生能比较均衡地参加语言交际和语言知识学习两种活动。

(3)观念与策略具有一定的相关性,但相关程度不相同。随着语言水平的提高,相关性在逐年增强。受语言环境和语言水平的影响,非传统观念与非传统策略相关程度最低。

(4)策略对英语成绩的预测力受到学生英语水平的影响。对差异较小的低水平和高水平学习者群体的英语成绩没有预测力。对水平差异大的学习者群体成绩具有一定的预测力,但预测力不高。在分项策略中,词汇策略对词汇水平的预测力最高,听力策略对听力成绩的预测力位居第二。管理策略的有效性明显影响语言学习策略对成绩的预测力。

(5)听力、交际、词汇策略训练对学习者策略的使用有明显的帮助,对英语成绩的提高也有显著影响,对低水平学生的帮助大于对高水平学生的帮助。

(6) 策略的使用除了受观念、语言水平的影响以外,还受到文化传统、任务类型、性别、学习者已具备的背景知识等其他因素的影响。

自 2004 年以来,我国学习策略研究得到空前的发展,据本书作者不完全统计,仅在中国知网(CNKI)上可以检索到的期刊论文、博士和硕士学位论文就超过了 5000 篇,几乎十倍于之前 20 年学习策略研究工作量。这些年来,国内对学习策略的研究主要集中于以下几个方面:①学习策略与自我效能、歧义容忍度和焦虑等心理和情感变量的关系(张庆宗,2004;吴丽林,2005;张庆宗,2008;吕红艳,2010;刘艳菊,2010;马珂,2012;常海潮,2012);②多媒体和网络环境下的学习策略(张日美,2004;肖婧等,2006;林莉兰,2006;肖婧等,2006;凌茜等,2012);③自主学习策略(张殿玉,2005;林莉兰,2006;肖婧等,2006;刘宇慧等,2010;谈言玲等,2011);④学习策略的培训(李岚,2005;程冰,2006;郭燕,2007;董辉,2009;高黎,2012;覃黎洋,2012);⑤学习策略与英语水平(杨金锋等,2004;刘振前等,2005;吴喜艳、张庆宗,2009;尚晓华等,2010);⑥学习策略理论和量表的验证(徐爽,2008;于元芳等,2009)。

尽管取得了可喜的成果,总体上趋于良性发展,但国内学习策略研究还存在实证结论缺乏可比性、理论支持和突破性不强等不足(郑玉荣,2011),这说明我国学习策略研究还有很大的发展和提升空间。

6.3 学习策略的定义和分类

6.3.1 学习策略的定义

国外学习者们从不同角度,给学习策略下了多种定义,其中比较有代表性的有以下几种。

(1) Stern(1983)认为,学习策略是泛指语言学习者采用方法(approach)的一般倾向或整体特点,而技巧(techniques)用于描述可视行为的具体形式。

(2) Weinstein & Mayer(1986)认为,语言学习策略是学习语言

时的行为或想法,这些做法和想法会影响学习者的编码过程。

(3) Chamot(1987),把学习策略定义为学生为提高学习效果和易于回忆语言的形式及内容而采取的技巧、方法或者刻意的行动。

(4) Rubin(1987)指出,学习策略是有助于学习者自我建构的语言系统发展的、能直接影响语言的发展的策略。

(5) Oxford(1989)认为,语言学习策略是学习者为了语言学习更加成功、更加自主、更加愉快而采取的行为或行动。而后,Oxford(1990)对学习策略的定义进行了扩充,认为学习策略是学习者为了学习更容易、更快速、更令人愉快、更自主、更高效和更易于适应新情形而采取的具体行动。

(6) Cohen(1998)认为,语言学习策略是指学习者有意识或半意识的行为和心理活动,这些活动有两个明确的目标:一个是使语言知识和语言技能的学习变得更加容易,另一个是为了语言的运用或弥补学习者语言知识的不足。

Ellis(1994)认为,现有的语言学习策略定义中有些问题尚未明确统一:第一,策略究竟应该被看作可视行为还是指大脑中无法观察到的心理活动,或者两者兼而有之。第二,如果学习策略是指学习行为,那么就其本质而言,是方法(approach)还是技巧(techniques)。Stern(1983)区分了策略与技巧,前者指总体或多少有意使用的方法,后者指在学习语法或词汇等特定的语言方面时,显而易见的各种学习行为。但有的研究者却用策略一词来指被 Stern 定义为技巧的学习行为。第三,学习策略是否应该被视为有意识和目的性的还是潜意识行为。第四,学习策略对过渡语的发展会产生直接的还是间接作用。最后,学者们对学习者使用学习策略的动机看法不一。所有定义都强调学习者使用学习策略是为了学习第二语言,但 Oxford还认为学习策略具有情感功能,可以增加愉悦感。

鉴于以上问题,Ellis(1994)认为定义语言策略最好的方法是列出它的主要特点:

(1) 策略可以指总的学习方法,也可以指第二语言的具体活动或技巧;

(2) 策略以问题为导向,即学习者采用学习策略是为了解决在学习中遇到的具体问题；

（3）如果需要，学习者一般都能意识到所用的策略，并能够明确策略的内容；

（4）策略涉及语言或非语言的行为；

（5）语言策略用母语和二语都能执行；

（6）有些策略是可观察到的行为，有些策略是不能直接观察到的心理活动；

（7）总体而言，策略为学习者提供可处理的语言信息，因此对语言学习有间接的影响。但有些策略也可能对学习产生直接的影响；

（8）策略的使用因学习认为和学习者的个体偏好而异。

6.3.2 学习策略的分类

在学习策略研究的初期，研究者的注意力都集中在对学习者使用的各种策略的描述上，很少尝试对学习策略进行归类（Ellis，1994）。随着学习策略研究的发展，人们逐步认识到学习策略分类的重要性，开始从不同角度对其进行了系统的划分。本节主要介绍国内外几种比较有代表性的学习策略分类。

6.3.2.1 元认知策略、认知策略和社交/情感策略

O'Malley 和 Chamot 等学者（1985，1987）较早地对学习策略进行了较为系统的分类。这个分类为后来的很多研究者所借鉴并广泛引用。后来。O'Malley 和 Chamot（1990）根据信息加工的认知理论，将学习策略分为元认知策略（matacognitive strategies）、认知策略（cognitive strategies）和社交/情感策略（social/affective strategies）三大类。元认知策略用于评价、管理、监控认知策略的使用，认知策略用于学习语言的各种活动之中，社交/情感策略为学习者提供更多接触语言的机会。这三类策略存在着层级关系，元认知策略高于其他两类策略而且每一大类策略又包括若干小类，具体见表 6-1。

表 6-1　O'Malley 和 Chamot(1990)学习策略分类

学习策略	定　义
一、元认知策略	
1. 事先计划	对将要学习的材料的大意和主要概念进行预习,通常是略读。
2. 指导注意力	事先决定把注意力集中在某个学习任务上,忽略不相关的因素。
3. 功能准备	事先为将要执行的某个语言学习任务做好准备并演练语言结构。
4. 选择注意力	事先决定把注意力集中在语言输入的哪些方面上。
5. 自我管理	了解有助于语言学习的条件并努力创造这些条件。
6. 自我监控	在听或读的过程中检查自己的理解情况,或在进行口头或书面输出时检查语言是否准确和得体。
7. 自我评估	某一阶段的语言学习结束之后,根据某个标准检测自己的学习结果。
二、认知策略	
8. 使用参考资料	使用目的语参考资料,比如词典、百科全书、教材等。
9. 重复	模仿某个语言句型,既包括朗读操练也包括默读。
10. 分组/分类	根据单词、术语、概念的特征或意义进行分类。
11. 推理	利用规则来理解语言或进行语言输出,或根据语言分析来总结规则。
12. 利用图像	利用图像(想象的或真实的)帮助理解或记忆新信息。
13. 听觉再现	在大脑中回忆/再现单词、短语或更长的语片的声音/读音。
14. 利用关键词	在母语中找一个读音与生词相近的单词;在母语相近的单词与生词之间建立某种容易回忆的影像(images)。
15. 联想	把新知识与旧知识联系起来;或者把新知识的不同部分相互联系起来;或者与知识建立某种有意义的个人联系(personal associations)。

（续表）

学习策略	定　义
16. 转化	利用以前学习的知识或掌握的技能帮助语言的理解或输出。
17. 推断	利用已有的信息猜测新单词的意思，预测结果，或弥补错过的信息。
18. 做笔记	练习听或阅读时对关键词或概念做笔记，利用缩写、符号或数字等。
19. 小结	对听或读过的内容以口头、书面或只是在大脑中做一个小结。
20. 重新组合	用不同的方法把新学的语言素材组成有意义的句子或更长的语片。
21. 翻译	以母语为基础理解或输出第二语言。
三、社交策略	
22. 提问/澄清	要求教师或同学对某个语言现象再解释、重复、举例或证实。
23. 合作	与他人合作，共同解决问题、交换信息、检查任务的完成情况或书面的表达，征求反馈意见。

（转引自程晓堂等，2008：26-28）

　　O' Malley 和 Chamot(1990)的学习策略分类框架比以前的研究有很大的进步，但还不够系统全面，而且对各种学习策略的定义也比较含糊（程晓堂等，2008：29）。文秋芳（2004）比较赞成 O' Malley 和 Chamot 对元认知策略和认知策略的区分，但她认为这种分类存在四点不足：第一，对社交/情感策略重视不足，没有对其充分描述；第二，这种分类只有元认知策略，没有元情感策略；第三，大类中的小类策略是按照信息处理过程来划分，很难体现语言学习的特点；第四，这个分类中只有学习者行为，没有涉及学习者的观念，忽略了观念与学习间的关系。

6.3.2.2　直接策略和间接策略

　　Oxford(1990)根据策略与语言材料的关系将策略分为直接策略

和间接策略两大类。直接策略涉及语言的思维处理过程,与所学语言有直接联系,分为记忆策略、认知策略、补偿策略三小类;间接策略支持和管理学习活动,与所学语言发生间接联系,分为元认知策略、情感策略、社交策略。具体情况见表 6-2:

表 6-2　Oxford(1990)学习策略分类

大类	小类	主　要　内　容
直接策略	记忆策略	在头脑中创建形象,运用形象和声音,认真复习,使用动作
	认知策略	练习、接受和传达信息,分析和推理,建立输入和输出的构架
	补偿策略	灵活猜测,克服口语和写作方面的不足
间接策略	元认知策略	确定学习重点,安排和计划学习,评价学习
	情感策略	克服焦虑,自我鼓励,控制情绪
	社交策略	提问,与人合作,理解他人

通过比较不难看出,Oxford(1990)和 O'Malley & Chamot (1990)的学习策略分类有一定的相似之处,她划分的直接策略大体上与 O'Malley & Chamot 提出的认知策略相当,间接策略包含了 O'Malley & Chamot 分类中的元认知和社交/情感策略。另外,Oxford(1990)把记忆策略从认知策略中划分出来,不符合逻辑(文秋芳,2004)。不过,Oxford 的学习策略分类框架被认为是最容易理解和接受的分类方法(程晓堂等,2002:29)。

6.3.2.3　学习语言和运用语言的策略

Cohen(1998)根据运用策略的目的,把第二语言学习策略分为语言学习策略和语言运用策略。前者指为学习语言而使用的策略,又包括识别材料、区分材料、组织材料、反复接触材料和有意识记等;后者指为运用语言而使用的策略,包括检索策略、排练策略、掩盖策略和交际策略等几个小类(见表 6-3)。

表 6-3　Cohen(1998)学习策略分类

学习策略	语言学习策略	1. 识别材料 2. 区分材料 3. 组织材料 4. 反复接触材料 5. 有意识记
	语言使用策略	1.检索策略 2.排练策略 3.掩盖策略 4.交际策略

Cohen 的分类在结构上比较清晰,但在具体分类时很难判断策略的运用是为了学习语言还是运用语言,因为有时语言的学习和运用是交织在一起的。另外,他的分类还没有涉及元认知策略和情感策略,没有指出策略内部各策略项之间的关系。

6.3.2.4　认知策略、元认知策略、情感策略和交际策略

程晓堂和郑敏(2002)认为,根据认知过程和认知活动把语言学习策略分为认知策略、元认知策略、情感策略和交际策略。他们根据主要学习策略的分类框架,结合我国英语教学的实际情况,对学习策略进行了分类(见表 6-4)。

表 6-4　程晓堂、郑敏(2002)学习策略分类

策略类别	策 略 描 述
认知策略	根据需要进行学习 在学习中集中注意力 在学习中积极思考 在学习中善于记忆要点 在学习中善于利用图画等非语言信息理解主题 对所学习内容能主动复习并加以整理和归纳 注意发现语言的规律并能运用规律举一反三 在使用英语中,能意识到错误并进行适当的纠正

策略类别	策略描述
	有效地借用母语知识理解英语
	尝试阅读英语故事及其他英语课外读物
	注意通过音像资料丰富自己的学习
	使用简单工具书查找信息
	注意生活中和媒体上使用的英语
	遵循记忆规律提高记忆效果
	借助联想建立相关知识之间的联想
	利用推理、归纳等逻辑手段分析和解决问题
	在听和读的过程中，借助情景和上下文猜测词义或推测段落大意
元认知策略	在语言学习中借助图表等非语言信息进行表达
	明确自己学习英语的目标和需要
	制订英语学习计划
	注意了解自己学习英语中的进步与不足
	积极探索适合自己的英语学习方法
	积极参与课内外英语学习活动
	主动拓宽英语学习的渠道
	善于创造和把握英语学习的机会
	学习中遇到困难时知道如何获得帮助
	与教师或同学交流学习英语的体会和经验
	评价自己学习的效果，总结有效的学习方法
情感策略	有意识地培养英语学习的兴趣
	培养对英语和英语学习的积极态度
	逐步树立英语学习的信心
	在英语学习中努力克服害羞和焦虑心理
	在学习中相互鼓励
	注意照顾他人的情感
	监控并调整英语学习中的情绪
	在交际中善于表达自己的情感并理解他人的情感
	在学习中乐于向同学提供帮助

（续表）

策略类别	策 略 描 述
交际策略	在课内外学习活动中能够用英语与他人进行交流 善于抓住英语交际的机会 在交际中,把注意力集中在思想表达上 在交际中,必要时借助手势、表情等进行交流 交际中遇到困难时,有效地寻找帮助 在交际中意识到中外交际习俗的差异 善于利用各种机会用英语进行真实交际 交际中善于克服语言障碍,维持交际 在课内外活动中积极用英语与同学交流与沟通

整体而言,程晓堂和郑敏(2002)的分类比较全面,教学实践操作性较强。另外,与以往分类不同,他们把交际策略纳入了学习策略框架并进行了细分,这一点本书作者比较认同。学习通过交际发生(Färch 等,1983:ⅩⅦ)。交际既是二语学习的目标,也是学习的方法(Littlewood,1990:81)而且交际策略也可以起到学习策略的作用(Bialystok,1984:39),因为学习者可以利用某些交际策略获得更多学习锻炼的增强信心、获得反馈和接触高水平二语使用者的机会(Macro,2008:19;Rubin,1987:26);同时交际策略可以帮助学者树立和验证对所学习语言的假设,使现有的语言知识更加易于被人接受(Faerch 等,1986:182)。

但是,程晓堂、郑敏(2002)的分类也不可避免地存在不足,主要是各个分类间有一定的交叉,有些策略的界限模糊,个别策略重复。比如"在学习中善于利用图画等非语言信息理解主题"和"在语言学习中借助图表等非语言信息进行表达"比较相近,但分别被划分到认知和元认知策略范围。

6.3.2.5 管理和语言学习策略

文秋芳(1993)依据 Skehan(1989)的观点把学习策略分为管理策略和语言学习策略两大类。管理策略与学习过程有关,语言学习策略与学习材料直接有关。管理策略对语言学习策略的使用具有制约作用,处于语言学习策略之上,既管理认知过程也管理情感过程,具有跨学科、跨专业、跨时空的迁移性,主要包括确立目标、制订计划、选择策略、自我监控、自我评价、自我调整。语言学习策略包括传统和非传统两大类,每个策略既包括学习者的观念,也包括行为本身。具体而言,传统语言学习观念/策略包括形式操练观念/策略、准确性观念/策略和使用母语观念/策略;非传统语言学习观念/策略包括意义操练观念/策略、流利度观念/策略和回避母语观念/策略。

　　文秋芳的这种分类虽然克服了西方学者分类存在的四个问题,但是该分类方式过于简单,难以让人们设想出这些策略在具体学习语言的过程中是如何相互联系、相互作用的(文秋芳,2004)。因此,文秋芳(2004)结合 Skehan(1998)语言学习包括处理输入、储存输入和产生输出三个阶段理论,提出了双维度的策略归类框架:

表 6-5　文秋芳(2004)双维度的策略分类

输入	管 理 策 略		
	语言学习策略		情感策略
	传统语言学习策略	非传统语言学习策略	
存储	管理策略		
	语言学习策略		情感策略
	传统语言学习策略	非传统语言学习策略	
输出	管理策略		
	语言学习策略		情感策略
	传统语言学习策略	非传统语言学习策略	

　　从表 6-5 中可以看出,每个学习阶段都有管理策略、语言学习策略和情感策略的参与,而且管理策略处于另外两个策略之上,对它们行使管理和指挥的职责。另外,语言学习策略又进一步分为传统的语言学习策略和非传统的语言学习策略。表 6-6 列出了输入阶段、存储阶段和输出阶段学习者可能使用的三类具体策略。

表 6 - 6　输入、存储和输出时学习者使用的不同策略（文秋芳，2004）

学习阶段　　策略类别		输入阶段	存储阶段	输出阶段
管理策略		创造机会增加输入 了解自己接受输入的风格 了解自己处理输入的特点 了解接受输入时的情绪反应 确定接受输入的目标 选择达到目标的方式 评估输入的质量 评价输入的合适程度 选择接受输入的渠道 选择处理输入的注意点 选择处理输入难点方式 确定处理输入的深度 监控处理输入的进展 监控处理输入的情绪 评价输入处理的质量 评价输入处理的策略成效	了解自己记忆力的特点 了解记忆时的情绪特征 选择记忆目标 确定记忆深度 选择记忆方式 评价记忆效果 指定复习计划	创造机会增加输出 决定输出时注意资源的分配 选择弥补语言资源不足的方式 监控输出的质量 了解自己在表达时的情绪反应
语言学习策略	传统	查字典得到生词的意义 分析复杂句子的语法结构 分析输入的形式特征 通过翻译来帮助理解	借助语言的形式特点记忆 借助语言的意义特征记忆 借助图像记忆 借助声音形象记忆 借助动作来记忆 通过口头重复来帮助记忆 通过多次抄写来帮助记忆 通过翻译来帮助记忆	通过语言形式来回忆所需单词 通过形式线索回忆句型结构 通过反复练习增加流利度 通过反复联系增加准确度 遇到表达困难时，想办法回避 先运用汉语组织讲话内容

（续表）

学习阶段 策略类别		输入阶段	存储阶段	输出阶段
语言学习策略	非传统	根据词形推测词义 根据上下文推测词义 分析输入的内容重点 寻找输入的关键词/关键句 分析输入者的非语言特征 推测输入者的意图	通过大量阅读来帮助记忆 通过不断运动来帮助记忆	通过目标语言思考输出内容尽量流利地表达自己 运用策略赢得思考时间 遇到表达困难,采用其他语言形式 遇到表达困难,采用身势语言
情感策略		用深呼吸的方式放松自己 自己安慰自己 自己鼓励自己 与别人交流,降低自己的紧张情绪	记不住时,想办法给自己鼓励	通过深呼吸克服紧张情绪 讲话紧张时,自己鼓励自己 自我暗示,自己不比别人差 自我安慰,别人也会感到困难

这个分类有两个好处:一个好处是区分输入、存储和输出三个阶段的策略比较容易;第二个好处是可以分阶段来描述管理策略、语言学习策略和情感策略这三种策略之间的关系,从而更清楚地说明他们之间的层级关系;另外,这种分类构建了一个理想模式,即要想外语取得成功,语言学习策略和情感策略必须在管理策略的有效控制下进行(文秋芳,2004)。然而,学习者是否在某个阶段选用某种学习策略、程度如何,往往因人因事而异,因为学习策略的选用受多种因素影响。

6.4 研究方法

6.4.1 研究问题

本研究主要讨论以下问题：

（1）大学生英语学习策略整体如何分布？

（2）大学生英语学习策略与他们的英语水平的关系如何？

（3）男女大学生在学习策略使用方面是否存在显著差异？

（4）大学生英语学习直接策略、间接策略与英语水平存在怎样的结构关系？

6.4.2 研究对象

参与本研究的是浙江省某高校非英语专业 2011 级 207 名本科学生，平均年龄 19.5 周岁，其中男生 113 人（54.6%），女生 94 人（45.4%）。他们所学专业包括会计、管理、国贸、通信、计算机和生物工程等八个。

6.4.3 研究工具

研究工具有两个，第一个是外语学习策略调查问卷。本研究采用 Oxford（1990）"语言学习策略问卷"（Strategy Inventory for Language Learning）。该问卷包含 50 个题项，分别属于记忆、认知、补偿、元认知、情感和社会等六个学习策略分量表。因其设计思路清晰、操作性强，该问卷被学习策略研究者广泛采用。

为保证被调查的学生比较容易和正确地理解所调查内容，我们把量表翻译成汉语，并请三位英语教师和两名英语专业硕士研究生反复推敲和校对。本问卷采用利克特（Likert）5 级量表形式，1＝我从来不用，2＝我很少使用，3＝我有时候用，4＝我用得较多，5＝我用得很多。

本研究第二个研究工具是大学英语四级考试（CET4）。所有研究对象参加了 2012 年上半年的全国大学英语四级考试，四级考试成绩代表他们所达到的英语水平。大学英语四级考试试卷主要由写作、听力、阅读、完型填空和翻译等内容组成，其中完型填空和翻译两种测试内容的成绩合并为综合成绩。

6.4.4 问卷调查的实施和数据的分析

问卷调查由四名大学英语任课教师协助实施。英语教师除在课堂上向学生分发问卷,讲解填写方法和注意事项外,还着重说明本调查数据只用于学术研究,并向他们致以真诚的感谢,请大家认真、客观填写。问卷收回后,首先对其进行核对和检查,剔除回答不完整和有明显问题的问卷 11 份,保留有效问卷 207 份。然后,编号、排序,然后用 SPSS19.0 和 AMOS17.0 对数据进行了录入、整理和统计分析。

6.5 结果与讨论

6.5.1 学习策略问卷的内部一致性

首先,我们对问卷的内部一致性进行了检验,结果见表 6 - 7。从表 6 - 7 的数据可以看出,整个问卷的 Alpha 值为.926,说明整个问卷的内在一致性较好,具有较高的信度。另外,所有学习策略分量表 Alpha 值都大于.600,其内在一致性信度都在可接受范围内。

表 6 - 7 学习策略分量表 Alpha 值

学习策略分类	项目内容	Cronbach's Alpha 值
记忆策略	1.学英语时,我会考虑已经掌握的知识和新学内容的关系。 2.我用新词造句,以加深记忆。 3.为了记忆单词,我把单词的音、形、义结合起来。 4.通过想象单词的使用情景来记住它。 5.我利用相似的发音来记新单词(如 hate, gate, late)。 6.我使用单词卡来记英语单词。 7.我借助肢体语言来记忆单词。 8.我经常复习英语课。 9.我凭借记住英语单词或短语出现在书上、黑板上或是路标上的位置来记忆它们。	.667

（续表）

学习策略分类	项 目 内 容	Cronbach's Alpha 值
认知策略	10.我把英语单词说或写几遍。 11.我试着像英语为母语的人一样说英语。 12.我练习英语发音。 13.我以不同方式使用自己知道的英语单词。 14.我主动用英语与人交谈。 15.我看英语电视节目或电影。 16.我以阅读英语书刊为乐趣。 17.我用英语写笔记、留言、信件或报告。 18.我先快速浏览英语短文后再仔细研读。 19.我寻找与新单词意思相似的中文词语。 20.我试着找出英语的句型。 21.我通过把一个英语单词拆分成几个我认得的部分来弄懂它的意思。 22.我尽量避免中、英文之间的逐字对译。 23.我概括所听到或读到的英文大意。	.787
补偿策略	24.对于一些不熟悉的词语,我猜测它们的意思。 25.在用英语交谈时,如果想不起来某个词,我借助手势来表达。 26.当我不知道恰当的词语时,我就自己造词。 27.读英语时,我不会每一个生词都查字典。 28.英语交谈时,我会去猜测对方下一句要说什么。 29.当我想不出某个英语单词时,我会用其他意思相同的词语或短语代替。	.609
元认知策略	30.我尽可能寻找多种途径来运用所学的英语。 31.我通过留意自己的英语错误来改进英语学习。 32.有人讲英语时,我会注意。 33.我试着找出学好英语的方法。 34.我制定日程表,以便有足够的时间学英语。 35.我寻找能和我用英语交谈的人。 36.我寻找机会尽可能地读英语。 37.我对提高自己的英语技能有明确的目标。 38.我考虑自己英语学习的进展。	.870

（续表）

学习策略分类	项 目 内 容	Cronbach's Alpha 值
情感策略	39.每当害怕使用英语的时候,我会尽量放松。 40.尽管害怕说错,我还是鼓励自己讲英语。 41.当在英语方面表现不错时,我会奖励或犒赏自己。 42.我留意自己在学习或使用英语时是否紧张。 43.我把自己学习英语的感受记录下来。 44.我和别人谈论自己的英语学习感受。	.673
社交策略	45.如有听不懂的地方,我会请对方说慢一点或再讲一遍。 46.说英语时,我请对方纠正我的错误。 47.我和其他同学一起练习英语。 48.我会向英语老师等人寻求帮助。 49.我用英语提问题。 50.我努力学英语国家的文化。	.758

6.5.2 学习策略和四级成绩的整体分布

为了考察大学生各类英语学习策略和四级考试成绩的整体分布,我们对其进行了描述性统计分析,表6-8是按平均值升序排列的数据。表6-8表明,以总学习策略的均值为界限,使用频率较低的学习策略有记忆策略、情感策略和社交策略,使用频率较高的有认知策略、元认知策略和补偿策略。从学习策略的两个大类来看,大学生使用间接策略多一些。另外,表6-8中绝大多数数据的偏度和峰度值在±2之间,大多绝对值都小于1,说明这些数据整体上处于正态分布,适于以下的参数统计分析。

根据Oxford(1990),平均值在4.5~5.0之间表明学习者总是使用某一类策略,平均值在3.5~4.4之间表明学习者通常使用某一类策略,平均值在2.5~3.4之间表明学习者有时使用某一类策略,平均值在1.5~2.4之间表明学习者一般不使用某种策略,平均值在1.0~1.4之间表明学习者永远或几乎永远不使用某种策略。所以,表6-8和图6-1中各学习策略的平均值反映大学生们有时使用这些策略。

表6-8　学习策略和四级成绩的描述性统计分析

	极小值	极大值	均值	偏度	峰度
记忆策略	1.22	3.89	2.5282	.106	−.301
情感策略	1.00	5.00	2.5647	.210	1.031
社交策略	1.00	5.00	2.7006	.029	.459
间接策略	1.20	4.78	2.7368	.012	.499
总学习策略	1.54	3.92	2.8168	−.177	.114
直接策略	1.65	4.12	2.8724	−.095	.028
认知策略	1.57	4.14	2.9331	−.069	.146
元认知策略	1.44	5.00	2.9451	.190	−.065
补偿策略	1.33	4.67	3.1558	−.115	.197
综合成绩	30.00	69.00	48.7302	−.152	−.267
写作成绩	60.00	119.00	93.9259	−.264	.342
听力成绩	91.00	225.00	163.1852	−.278	.001
阅读成绩	119.00	224.00	175.3810	−.176	.109
总成绩	342.00	592.00	481.2222	−.208	−.075

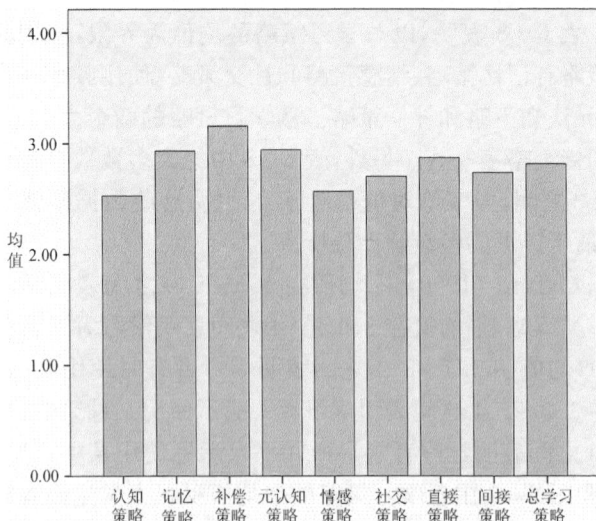

图6-1　各学习策略平均值

从表6-8和图6-2还可以看出,记忆策略的平均值最小,补偿策略的平均值最大,说明大学生最少使用记忆策略,最多使用补偿策略,这和李盛曦(2010)的研究发现一致。大学生最少使用记忆策略可能和他们所处的学习阶段有关。尽管英语学习需要记忆大量学习内容,但大学生已经有一定的英语基础,可以使用已经掌握的英语知识进行综合记忆,需要他们机械记忆的比例会逐渐减少,有的学习内容甚至是在收听、阅读或观看相关材料时就有意、无意地保留在记忆中了。记忆策略的平均值最小,还可能和本研究使用的学习策略量表有关系。在 Oxford(1990)学习策略量表中,记忆策略的题目多和单词记忆有关,而且基本是最初级的记忆方法。英语学习不仅仅是记忆单词,而且目前记忆的手段和途径已经比二十几年前有了飞跃的发展,所以此量表在考察学习者记忆策略方面的内容有一定的滞后性,不能较好地体现大学英语学习的实际情况。

大学生使用补偿策略最频繁主要和补偿策略的特点和大学生对外语学习的认知有关。补偿策略实质上是语言运用策略,如果用于交际就是交际策略。培养交际能力是外语教学和学习的主要目标,良好的外语交际能力,特别是听说能力越来越成为大学生努力的方向,所以他们会比以前更多地使用所学语言,不仅可以锻炼交际能力,还可以获得更多的学习机会。尽管大学生已经具备了一定的外语能力,但他们的过渡语水平毕竟还有这样或那样的局限性,在外语使用过程中难免会遇到各种问题和困难,为了维持交际的顺利进行,不至于失去自我展示或学习的机会,只有使用一些补偿策略加以解决。长期过分地依赖补偿策略会减少学生对词汇的直接学习或有意学习(Coady 等,1997)(转引自李盛曦,2010),他们借用补偿策略而不必学习新的内容就可以应对某些交际问题,这也在一定程度上反衬出记忆策略使用频率最小的原因。

6.5.3　学习策略与英语水平的相关性

学习策略与外语学习成绩的关系一直是学习者策略研究的重要内容。表6-9是大学生英语学习策略与四级总成绩以及各分项成绩的相关分析结果。

表6-9　学习策略与英语成绩的相关分析

		总成绩	听力成绩	阅读成绩	写作成绩	综合成绩
记忆策略	相关性	.213**	.246**	.124	.190**	.028
	显著性	.002	.000	.075	.006	.692
	人数	207	207	207	207	207
认知策略	相关性	.296**	.309**	.166*	.226**	.202**
	显著性	.000	.000	.017	.001	.004
	人数	207	207	207	207	207
补偿策略	相关性	.138*	.180**	.019	.108	.125
	显著性	.047	.010	.788	.122	.073
	人数	207	207	207	207	207
元认知策略	相关性	.332**	.339**	.230**	.218**	.182**
	显著性	.000	.000	.001	.002	.009
	人数	207	207	207	207	207
情感策略	相关性	.189**	.200**	.119	.163*	.061
	显著性	.007	.004	.088	.019	.386
	人数	207	207	207	207	207
社交策略	相关性	.266**	.304**	.149*	.208**	.090
	显著性	.000	.000	.033	.003	.196
	人数	207	207	207	207	207
直接策略	相关性	.258**	.293**	.120	.208**	.144*
	显著性	.000	.000	.085	.003	.039
	人数	207	207	207	207	207
间接策略	相关性	.301**	.323**	.190**	.224**	.128
	显著性	.000	.000	.006	.001	.065
	人数	207	207	207	207	207

（续表）

		总成绩	听力成绩	阅读成绩	写作成绩	综合成绩
总学习策略	相关性	.321＊＊	.348＊＊	.185＊＊	.245＊＊	.161＊
	显著性	.000	.000	.008	.000	.020
	人数	207	207	207	207	207

＊＊ P＜.01

＊ P＜.05

　　从六种具体学习策略上看,记忆策略与总成绩(r＝.213,p＝.002)、听力成绩(r＝.246,p＝.000)和写作成绩(r＝.190,p＝.006)呈非常显著正相关,与阅读成绩(r＝.124,p＝.075)接近显著相关,与综合成绩(r＝.028,p＝.692)不存在显著相关。记忆策略是一组可以帮助学习者记忆新知识和内容的技巧和方法,包括试用新学生词、确立相关性、联想、运用形象和声音等。记忆策略可以帮助学生识别和记忆听力和阅读材料所承载的信息和结构关系;学生的写作等输出形式也是以他们所记忆的语言和表达技巧等为基础的,所以记忆策略与这些成绩具有较大的相关性。需要说明的是,记忆策略与阅读成绩只是接近相关,可能和四级考试阅读材料中的生词有汉语注释降低了阅读材料的难度有关。另外,四级考试的综合成绩由完型填空和汉译英单句两部分成绩组成。完型填空材料中的生词也有汉语注释,备选项中的词汇也比较常见;汉译英中的每个句子的前半部分英文已经给出,而且后半部分汉译英的难度也不大。所以这两类考题的成绩较大程度上取决于学生的综合语法能力和逻辑判断能力,与记忆策略的直接相关性相对不大。

　　认知策略分别与四级总成绩(r＝.296,p＝.000)、听力成绩(r＝.309,p＝.000)、阅读成绩(r＝.166,p＝.017)、写作成绩(r＝.266,p＝.001)和综合成绩(r＝.202,p＝.004)五种成绩呈显著正相关。认知策略是学习者最普遍使用的策略,直接运用于外语学习的各种活动之中,合理的使用认知策略对外语学习具有促进作用。

　　补偿策略与总成绩(r＝.138,p＝.047)和听力成绩呈显著正相关,与其他成绩不相关。补偿策略多和语言运用有关,主要用于处理语言运用,特别是用于解决听说过程中的问题或困难,所以和听力成绩相关性比较大,听力成绩又是总成绩的重要组成部分,补偿策略和总成绩相互正相关也就容易理解了。

元认知策略与四级总成绩(r=.322,p=.000)、听力成绩(r=.339,p=.000)、阅读成绩(r=.230,p=.001)、写作成绩(r=.218,p=.002)和综合成绩(r=.182,p=.009)五种成绩呈非常显著正相关。元认知策略是一种间接学习策略,主要内容确定学习重点,安排和计划学习,评价学习,等等。善于运用元认知策略的人能够有效地管理自己的外语学习过程,能够合理安排其他学习策略的使用,更容易取得较好的学习成绩,因此元认知策略与上述各项成绩呈显著正相关。

情感策略与四级总成绩(r=.189,p=.007)和听力成绩(r=.200,p=.004)呈非常显著正相关,与写作成绩(r=.163,p=.019)呈显著正相关,与阅读成绩(r=.119,p=.088)接近显著正相关,与综合成绩(r=.061,p=.386)不存在统计意义上的相互关系。对于大学生而言,听力和写作往往是较难的外语学习任务和测试内容,容易引起他们的紧张情绪;而阅读是外语学习的重要途径,在测试内容中所占的比重通常很大,受到学习者的重视程度也就较大,也会给大学生造成一定的焦虑感,但大学英语四级阅读测试内容中的汉语提示会多少弱化一些测试难度,降低一些焦虑感。情感策略是学习者用来规范和管理情绪、情感的方法,有利于学习者积极参与学习活动、培养自信和毅力(李盛曦,2010)。善于运用情感策略的学生能够积极面对和处理影响外语学习的消极情感因素,从而能够改善外语学习的效率,提高测试成绩。

社交策略与四级总成绩(r=.266,p=.000)、听力成绩(r=.304,p=.000)、阅读成绩(r=.149,p=.033)和写作成绩(r=.208,p=.003)存在显著正相关,与综合成绩(r=.090,p=.196)不存在统计意义上的相关。社交策略主要指学习者向外界求助、与人合作和学习目的语文化等,对于学习者克服学习中的困难,提高学习效率很有帮助。因此,社交策略和多个测试成绩存在一定程度的正相关;可能由于综合成绩的上述特点,社交策略和它不存在统计意义上的相关。

最后,由于上述具体学习策略的作用,总学习策略与四级成绩及其各分项成绩都达到了统计意义上的显著相关;直接策略与除阅读成绩以外的所有成绩都显著相关;间接策略与除综合成绩以外的所有成绩都显著相关。

上面我们讨论了学习策略与英语四级各单项成绩之间的相关性,这体现了学习策略与学习任务关系的问题。文秋芳等(2004b)指出,不同性质的任务导致不同的学习策略,同一性质的任务,由于难易程度的差别,也会影响学习策略的使用。她们从语言复杂性、认知复杂性和交际压力三个维度描述了任务难度与策略运用的可能性。她们认为,当三个维度的难度都很低的时候,运用策略的可能性很小,因为加工特别容易的信息能够达到自动化的程度;当这三个维度的难度都很高的时候,运用策略的可能性也很小,因为任务的难度是超出了学习者的水平,很可能不具备运用策略的最起码的语言或认知能力;只有当这三个维度上的难度形成差异,并且只有一个维度难度较高时,运用策略的可能性才最大;如果两个维度上都有很高的难度,运用策略的可能性就不确定(见表6-10)。

表6-10　文秋芳等(2004b)任务难度与策略运用的可能性

	难度	难度	难度	难度	难度	难度	难度	难度
语言复杂性	+	—	+	—	—	+	—	+
认知复杂性	+	—	—	+	—	+	+	—
交际压力	+	—	—	—	+	+	+	+
策略运用的可能性	—	—	+	+	+	?	?	?

6.5.4　学习策略与英语水平的回归分析

为了进一步了解学习策略与英语水平的关系,我们以四级总成绩为因变量,各个学习策略的平均值为自变量,采用逐步进入法对数据进行了多元回归分析,结果见表 6-11。表 6-11 显示,只有元认知策略进入了回归方程,解释了四级总成绩 11%的方差。因此,元认知策略对大学英语学习效率具有积极的预测作用。

表 6-11　学习策略与四级总成绩的回归分析结果

	R	R 方变化	调整 R 方	估计标准误	F 变化	B	Beta	T 值	显著性
元认知策略	.332	.110	.106	48.55207	25.383	25.289	.332	5.038	.000

6.5.5　高、中和低分组学习策略比较

为了考察不同英语水平大学生的英语学习策略使用情况,我们按照四级成绩的高低,把所有被试分成高、中和低分三组,每组 69人,其中高分组平均分为 535.71 分,中分组平均分为 484.04 分,低分组平均分为 481.22 分。然后,我们对各分数组被试学习策略的平均值进行了方差分析,具体结果见表 6-12 和图 6-3。

表 6-12　高、中和低分组学习策略描述性统计分析结果

		均值	标准差	均值的 95%置信区间		极小值	极大值
				下限	上限		
记忆策略	高分组	2.6103	.53376	2.4821	2.7385	1.56	3.67
	中分组	2.5733	.49125	2.4553	2.6913	1.22	3.89
	低分组	2.4010	.48962	2.2833	2.5186	1.44	3.67
认知策略	高分组	3.0433	.53122	2.9156	3.1709	1.57	4.14
	中分组	2.9855	.45499	2.8762	3.0948	2.00	4.14
	低分组	2.7704	.52290	2.6448	2.8961	1.57	3.86
补偿策略	高分组	3.1981	.54778	3.0665	3.3297	2.00	4.67
	中分组	3.1824	.57615	3.0440	3.3208	1.83	4.33
	低分组	3.0870	.64398	2.9323	3.2417	1.33	4.33

（续表）

		均值	标准差	均值的 95%置信区间		极小值	极大值
				下限	上限		
元认知策略	高分组	3.1814	.72006	3.0085	3.3544	1.44	5.00
	中分组	2.9179	.63505	2.7653	3.0704	1.67	4.44
	低分组	2.7359	.59351	2.5933	2.8785	1.44	4.00
情感策略	高分组	2.6540	.65368	2.4970	2.8111	1.00	5.00
	中分组	2.5804	.50420	2.4593	2.7015	1.33	3.67
	低分组	2.4596	.62397	2.3097	2.6095	1.17	4.00
社交策略	高分组	2.8531	.68679	2.6882	3.0181	1.33	5.00
	中分组	2.7101	.59454	2.5673	2.8530	1.33	4.33
	低分组	2.5386	.71694	2.3664	2.7109	1.00	3.83
直接策略	高分组	2.9505	.43269	2.8466	3.0545	1.89	3.81
	中分组	2.9137	.41946	2.8130	3.0145	2.02	4.12
	低分组	2.7528	.46093	2.6421	2.8635	1.65	3.95
间接策略	高分组	2.8962	.60143	2.7517	3.0407	1.56	4.78
	中分组	2.7361	.50846	2.6140	2.8583	1.61	3.78
	低分组	2.5780	.56582	2.4421	2.7140	1.20	3.89
总学习策略	高分组	2.9387	.44639	2.8314	3.0459	1.74	3.88
	中分组	2.8411	.43209	2.7373	2.9449	1.82	3.92
	低分组	2.6706	.46523	2.5588	2.7823	1.54	3.90

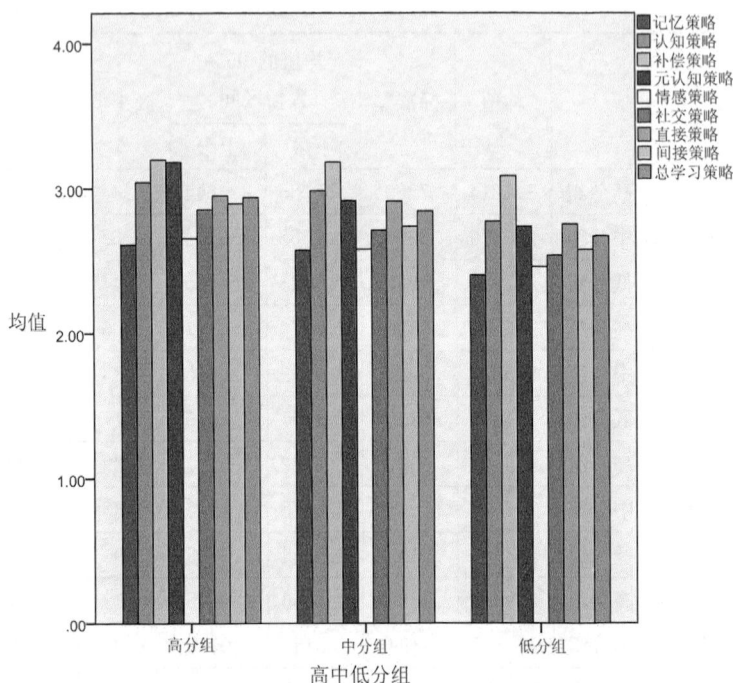

图 6 - 2 高、中、低分组学习策略平均值

从表 6 - 12 和图 6 - 2 可以看出,无论是总学习策略还是各具体学习策略,高、中、低分组的平均值依次降低,即整体而言,成绩高的学生比成绩低的学生更频繁地使用各种学习策略。另外,高、中、低分组在使用学习策略方面也有共同特点,即都倾向于较多使用认知策略、补偿策略和元认知策略,较少使用记忆策略、社交策略和情感策略。各组间学习策略使用情况的具体差异见表 6 - 13 和表 6 - 14。

表 6 - 13 高、中和低分组学习策略方差分析结果

		平方和	df	均方	F	显著性
记忆策略	组间	1.722	2	.861	3.373	.036
	组内	52.086	204	.255		
	总数	53.808	206			

（续表）

		平方和	df	均方	F	显著性
认知策略	组间	2.852	2	1.426	5.610	.004
	组内	51.859	204	.254		
	总数	54.711	206			
补偿策略	组间	.499	2	.250	.715	.490
	组内	71.177	204	.349		
	总数	71.676	206			
元认知策略	组间	6.925	2	3.462	8.153	.000
	组内	86.634	204	.425		
	总数	93.559	206			
情感策略	组间	1.330	2	.665	1.863	.158
	组内	72.819	204	.357		
	总数	74.149	206			
社交策略	组间	3.422	2	1.711	3.833	.023
	组内	91.063	204	.446		
	总数	94.485	206			
直接策略	组间	1.526	2	.763	3.978	.020
	组内	39.142	204	.192		
	总数	40.668	206			
间接策略	组间	3.492	2	1.746	5.571	.004
	组内	63.947	204	.313		
	总数	67.439	206			
总学习策略	组间	2.541	2	1.270	6.327	.002
	组内	40.963	204	.201		
	总数	43.504	206			

在同等学习条件下,影响学习成败的主要因素是学习策略,有意

识地调整学习策略是取得学习成功的关键(文秋芳,2003)。表 13 中的高、中和低分组学习策略方差分析结果表明,除了在补偿策略和情感策略以外,各组在其他各层次上的学习策略上都存在统计意义上的显著差异,说明学习策略的确对大学生英语水平的提高具有积极作用。各分数组补偿策略的平均值都很高,但并不存在显著差异,说明各分数组对补偿策略的认识和使用存在共性。无论哪个分数组的大学生在英语学习和交际过程中都会遇到各种困难,补偿策略往往是他们应对这些问题或困难的重要手段。各分数组的情感策略平均值都很低,而且彼此不存在显著差异,说明这三个水平组都对情感策略的重要性认识不足,在英语学习中不善于使用情感策略消除英语学习情感障碍。表 14 是高、中和低分组学习策略使用情况的两两多重比较结果,更加具体地揭示了各个英语水平组使用学习策略的异同。

表 6 - 14　高、中和低分组学习策略多重比较结果

学习策略	成绩分组	成绩分组	均值差	标准误	显著性	95% 置信区间	
						下限	上限
记忆策略	高分组	中分组	.03704	.08603	.667	−.1326	.2067
		低分组	.20934*	.08603	.016	.0397	.3790
	中分组	高分组	−.03704	.08603	.667	−.2067	.1326
		低分组	.17230*	.08603	.047	.0027	.3419
	低分组	高分组	−.20934*	.08603	.016	−.3790	−.0397
		中分组	−.17230*	.08603	.047	−.3419	−.0027
认知策略	高分组	中分组	.05775	.08584	.502	−.1115	.2270
		低分组	.27281*	.08584	.002	.1036	.4421
	中分组	高分组	−.05775	.08584	.502	−.2270	.1115
		低分组	.21506*	.08584	.013	.0458	.3843
	低分组	高分组	−.27281*	.08584	.002	−.4421	−.1036
		中分组	−.21506*	.08584	.013	−.3843	−.0458

（续表）

学习策略	成绩分组	成绩分组	均值差	标准误	显著性	95% 置信区间	
						下限	上限
补偿策略	高分组	中分组	.01567	.10056	.876	−.1826	.2139
		低分组	.11111	.10056	.271	−.0872	.3094
	中分组	高分组	−.01567	.10056	.876	−.2139	.1826
		低分组	.09545	.10056	.344	−.1028	.2937
	低分组	高分组	−.11111	.10056	.271	−.3094	.0872
		中分组	−.09545	.10056	.344	−.2937	.1028
元认知策略	高分组	中分组	.26357*	.11095	.018	.0448	.4823
		低分组	.44553*	.11095	.000	.2268	.6643
	中分组	高分组	−.26357*	.11095	.018	−.4823	−.0448
		低分组	.18196	.11095	.103	−.0368	.4007
	低分组	高分组	−.44553*	.11095	.000	−.6643	−.2268
		中分组	−.18196	.11095	.103	−.4007	.0368
情感策略	高分组	中分组	.07362	.10172	.470	−.1269	.2742
		低分组	.19445	.10172	.057	−.0061	.3950
	中分组	高分组	−.07362	.10172	.470	−.2742	.1269
		低分组	.12084	.10172	.236	−.0797	.3214
	低分组	高分组	−.19445	.10172	.057	−.3950	.0061
		中分组	−.12084	.10172	.236	−.3214	.0797
社交策略	高分组	中分组	.14300	.11375	.210	−.0813	.3673
		低分组	.31450*	.11375	.006	.0902	.5388
	中分组	高分组	−.14300	.11375	.210	−.3673	.0813
		低分组	.17150	.11375	.133	−.0528	.3958
	低分组	高分组	−.31450*	.11375	.006	−.5388	−.0902
		中分组	−.17150	.11375	.133	−.3958	.0528

（续表）

学习策略	成绩分组	成绩分组	均值差	标准误	显著性	95% 置信区间	
						下限	上限
直接策略	高分组	中分组	.03682	.07458	.622	−.1102	.1839
		低分组	.19776*	.07458	.009	.0507	.3448
	中分组	高分组	−.03682	.07458	.622	−.1839	.1102
		低分组	.16094*	.07458	.032	.0139	.3080
	低分组	高分组	−.19776*	.07458	.009	−.3448	−.0507
		中分组	−.16094*	.07458	.032	−.3080	−.0139
间接策略	高分组	中分组	.16006	.09532	.095	−.0279	.3480
		低分组	.31816*	.09532	.001	.1302	.5061
	中分组	高分组	−.16006	.09532	.095	−.3480	.0279
		低分组	.15810	.09532	.099	−.0298	.3460
	低分组	高分组	−.31816*	.09532	.001	−.5061	−.1302
		中分组	−.15810	.09532	.099	−.3460	.0298
总学习策略	高分组	中分组	.09757	.07629	.202	−.0528	.2480
		低分组	.26809*	.07629	.001	.1177	.4185
	中分组	高分组	−.09757	.07629	.202	−.2480	.0528
		低分组	.17052*	.07629	.026	.0201	.3209
	低分组	高分组	−.26809*	.07629	.001	−.4185	−.1177
		中分组	−.17052*	.07629	.026	−.3209	−.0201

* $P<.05$

6.5.6 男女大学生学习策略比较

为了明确男女大学生在学习策略使用上是否有差异，我们对其学习策略的平均值和四级总成绩进行了独立样本 t 检验，结果见表6-15和图6-3。首先，男女生在四级成绩方面存在统计意义的非常显著差异（t＝−6.149，p＝.000），男生的学习成绩明显低于女生，但男女生学习策略整体分布趋势基本一致，例如男女生都最多使用补偿策略和元认知策略,最少使用记忆策略和情感策略。其次,男生所有学习策略的平均值都低于女生,男女生在总学习策略上具有显著差异(t=-2.334,p=.021),所以整体而言,女生较男生更频繁地使用学习策略。在具体学习策略上,男女生在记忆策略(t=-3.200,p=.002)和补偿策略(t=-2.792,p=.006)两种直接策略上存在显著差异,在其他策略上无显著差异。

　　综上所述,男女生在英语学习策略使用上既有共性也有差异。共性源于相同的学习条件、教学环境和学习任务等因素,而差异性源于学习动机、努力程度、学习态度和学习风格等学习者个体因素。独特女性的社会角色、地位、外界对女性语言水平及能力的期待以及女性的职业取向等因素致使女性的外语学习动机较男性强,对外语学习持有更加积极的态度(王莉梅,2008)。所以,女生比男生更加关注外界评价,更加珍惜学习和锻炼的机会,在学习过程中较多地使用学习策略,进行更多的行为、情感和认知投入,所以往往获得较好的学习成绩。

表6-15　男女大学生学习策略t检验结果

策略类型	男生		女生		t值	显著性
	平均值	标准差	平均值	标准差		
记忆策略	2.4267	.52486	2.6501	.46828	-3.200	.002
认知策略	2.8837	.53032	2.9924	.49304	-1.516	.131
补偿策略	3.0531	.60882	3.2793	.54414	-2.792	.006
元认知策略	2.8938	.70200	3.0067	.63678	-1.201	.231
情感策略	2.5158	.65156	2.6235	.52881	-1.288	.199
社交策略	2.6342	.74064	2.7805	.58613	-1.553	.122
直接策略	2.7879	.44986	2.9739	.41770	-3.060	.003
间接策略	2.6813	.62186	2.8036	.50119	-1.536	.126
总学习策略	2.7495	.47786	2.8977	.42506	-2.334	.021
总成绩	463.0669	51.40020	503.0473	42.14144	-6.149	.000

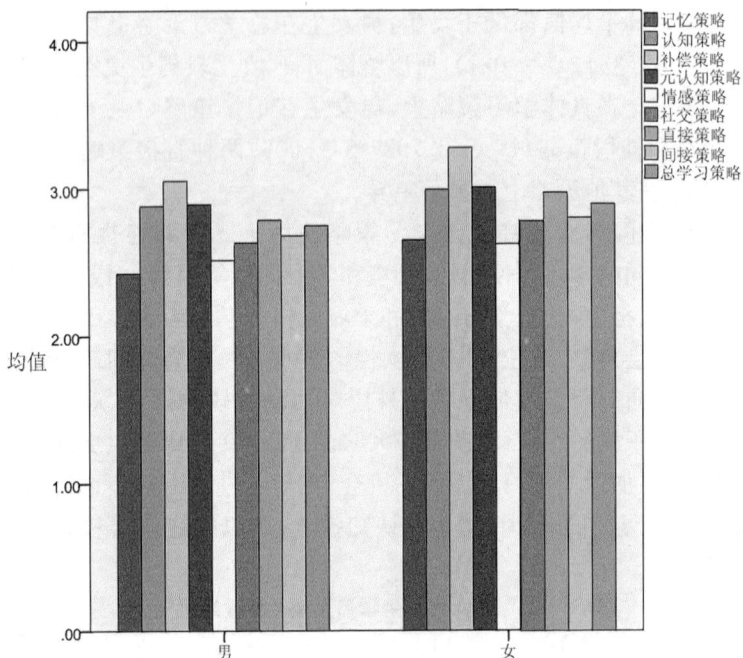

图 6 - 3　男女大学生英语学习策略均值

另外,学习策略与学习者的学习风格关系紧密(Reid,1995;Cohen,1998)。文秋芳等(2004)认为性别通过学习风格间接影响了学习策略的使用,男女学习风格差异主要体现在以下五个方面:

1. 感知模式上的差异

感知信息的模式有四种:视觉型、听觉型、动觉型和触觉型。偏爱听觉型的人比视觉型的人少得多。在少数偏爱听觉型的人群中,一般多为女性。偏爱动觉和触觉型的人大部分为男性。触觉型的学习者喜欢参与真实的语言交际,但不喜欢运用记忆策略。动觉型的学习者也很愿意参与真实的语言交际,但他们不喜欢使用独立工作的策略。

2. 认知模式上的差异

认知模式有两种:场独立型和场依赖型。男性更倾向于场独立型,女性更倾向于场依赖型。场独立型的学习者擅长于学习具有逻辑推理特点的语言活动。他们更愿意使用以逻辑推理为基础的学习策略,例如演绎法。场依赖型的学习者善于交际,倾向于整体性理解语言情景,更喜欢选择非逻辑推理策略。

3. 反应模式上的差异

谨慎型和冲动型两种反应模式。女性通常更青睐于谨慎型,男性更倾向于冲动型。在语言学习中,谨慎型的人比较注重语言的准确性,应答问题前会从多角度考虑审视语言的社会情景。而冲动型的人急于下结论,喜欢主宰讨论或交谈,不介意语言的准确性。

4. 知识加工模式上的差异

男性更多地依赖于客观的思考分析,女性更多地依赖于主观、直觉的感受。客观思考型学习者更多地依赖规则、事实、逻辑,避免与别人交往;主观直觉型学习者移情能力强;更多地依赖人际交往和合作式的学习。

5. 使用左右脑上的差异

左右脑认知分工明确。Oxford(1995)指出男性的左脑主要用于语言活动,右脑主要用于抽象的空间信息处理;女性同时运用左右脑从事语言和空间活动,因此左右脑的分工不是非常明显。在学习语言时,男性更倾向于运用左脑采用分析型模式处理语言信息;而女性可能更倾向于同时使用左右半脑来综合处理语言信息。

6.5.7 学习策略与英语水平关系的结构方程模型

上文的表6-8和表6-9显示,各学习策略和英语成绩数据正态分布,大部分彼此相关。表6-16也给出了各直接策略和间接策略间的相关系数,所有相关系数在0.248~0.906之间,表明它们既有一定的相对独立性,又有一定程度的相关,比较适合用于结构方程模型操作。

表6-16　各学习策略间的相关分析

		记忆策略	认知策略	补偿策略	元认知策略	情感策略	社交策略	直接策略	间接策略	总学习策略
记忆策略	相关性	1	.616**	.439**	.567**	.497**	.531**	.816**	.606**	.782**
	显著性		.000	.000	.000	.000	.000	.000	.000	.000
	总数	207	207	207	207	207	207	207	207	207
认知策略	相关性	.616**	1	.515**	.670**	.489**	.582**	.851**	.664**	.873**
	显著性	.000		.000	.000	.000	.000	.000	.000	.000
	总数	207	207	207	207	207	207	207	207	207
补偿策略	相关性	.439**	.515**	1	.266**	.248**	.343**	.810**	.326**	.573**
	显著性	.000	.000		.000	.000	.000	.000	.000	.000
	总数	207	207	207	207	207	207	207	207	207
元认知策略	相关性	.567**	.670**	.266**	1	.672**	.667**	.594**	.891**	.852**
	显著性	.000	.000	.000		.000	.000	.000	.000	.000
	总数	207	207	207	207	207	207	207	207	207
情感策略	相关性	.497**	.489**	.248**	.672**	1	.641**	.490**	.866**	.739**
	显著性	.000	.000	.000	.000		.000	.000	.000	.000
	总数	207	207	207	207	207	207	207	207	207
社交策略	相关性	.531**	.582**	.343**	.667**	.641**	1	.581**	.881**	.795**
	显著性	.000	.000	.000	.000	.000		.000	.000	.000
	总数	207	207	207	207	207	207	207	207	207
直接策略	相关性	.816**	.851**	.810**	.594**	.490**	.581**	1	.633**	.891**
	显著性	.000	.000	.000	.000	.000	.000		.000	.000
	总数	207	207	207	207	207	207	207	207	207
间接策略	相关性	.606**	.664**	.326**	.891**	.866**	.881**	.633**	1	.906**
	显著性	.000	.000	.000	.000	.000	.000	.000		.000
	总数	207	207	207	207	207	207	207	207	207

（续表）

		记忆策略	认知策略	补偿策略	元认知策略	情感策略	社交策略	直接策略	间接策略	总学习策略
总学习策略	相关性	.782**	.873**	.573**	.852**	.739**	.795**	.891**	.906**	1
	显著性	.000	.000	.000	.000	.000	.000	.000	.000	
	总数	207	207	207	207	207	207	207	207	207
**P<.01										

　　根据结构方程原理和学习策略的分类,我们把直接策略、间接策略和英语水平确定为潜在变量,记忆策略、认知策略和补偿策略为直接策略的观察变量,元认知策略、情感策略和社交策略为间接策略的观察变量,听力、阅读、写作和综合成绩为英语水平的观察变量。我们曾假设学习策略对英语水平有直接的影响,但经过多次检验,我们发现直接策略、间接策略和英语水平之间相互相关,彼此存在共变关系,并非因果关系,具体见图6-4。

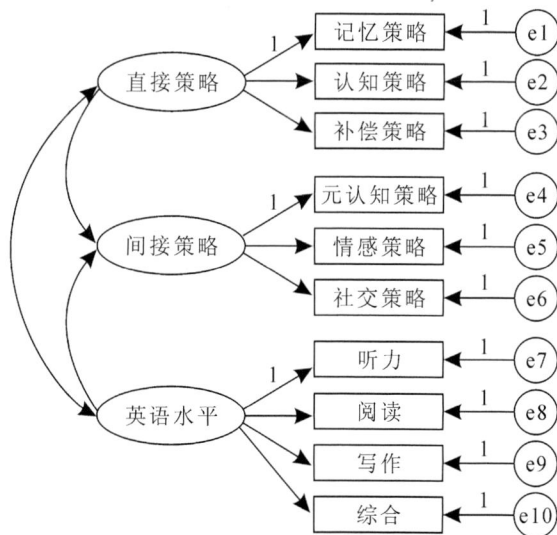

图6-4　初始结构方程模型

　　建立测量模型后,我们又对它的拟合度进行了检验。结构方程模型的拟合度主要通过卡方（CMIN）、卡方和自由度比值（CMIN/DF）、拟合优度指数（GFI）、调整的拟合优度指数（AGFI）、比较拟合指数（CFI）、近似均方根误差（RMSEA）等反映。通常认为，当数据和模型拟合度较好时，CMIN/DF＜2.0，P＞.05；GFI＞.90；AGFI＞.90；RMSEA＜.05。统计结果显示，图6-4的测量模型的两个拟合指数不在以上范围之内，说明该模型与数据拟合度不理想。因此我们根据 AMOS17.0 系统的提示，对模型进行了修正，增加了三条路径。修正后的模型拟合指数比较好：卡方值（34.466）与自由度（29）的比值为1.188，远低于2.0，P值为.223，远大于.05；拟合优度指数、调整的拟合优度指数、比较拟合指数都大于.90；近似均方根误差为.030，小于.05。另外，所有可测变量对潜在变量的因子负荷都大于.30，较好地反映了各自对应的潜在变量。综合上述评价指数，该模型拟合较好，能较好地反映数据。

表6-17　修正模型的拟合效果指数

CMIN	DF	P	CMIN/DF	GFI	AGFI	CFI	RMSEA
34.466	29	.223	1.188	.967	.938	.993	.030

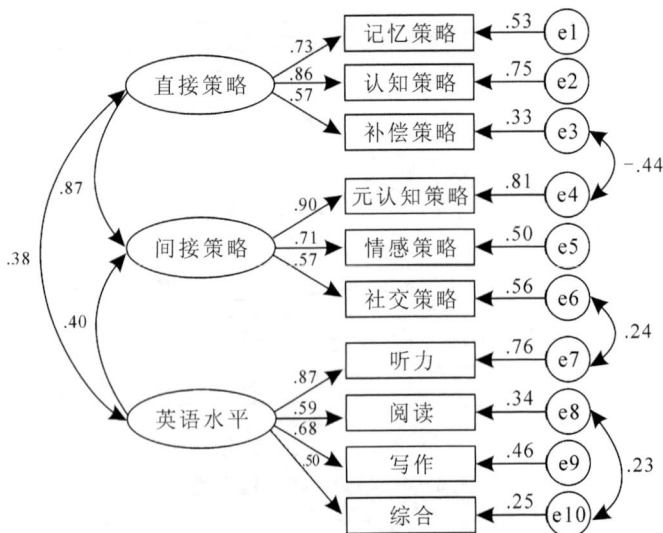

图6-5　修正后的结构方程模型

图 6-5 显示,间接策略与英语水平的相关(.40)大于直接策略与英语水平间的相关(.38)。直接策略与三个观察变量的路径系数分别为.73、.86 和.57,说明这三个观察变量对直接策略有不同的贡献,其中认知策略的贡献最大。间接策略与三个观察变量的路径系数分别为.90、.71 和.75,元认知策略的贡献最大。

6.6　结束语

本章在综合回顾外语学习策略研究的基础上,采用定性研究和定量研究相结合的方法,调查了非英语专业大学生的英语学习策略使用情况。统计结果主要显示,一些学习策略的使用与大学生的英语水平和性别因素有关,直接策略、间接策略和英语水平间是共变关系。另外,整体而言,大学生使用学习策略的频率不高,多数学习策略只是有时使用,所以建议加强对大学生进行英语学习策略方面的指导或培训,提高他们自主学习英语的能力。

学习策略是影响学习者过渡语形成和发展的重要认知因素,其本身也受学习者个体差异和教学环境等内在和外界条件制约。当前,外语学习策略的重要性基本受到普遍认可,相关研究成果也不少,但有些研究存在一定的重复性或片面性,甚至有些研究发现彼此矛盾,很难令人信服。所以,应尝试从更深层次、不同的角度,使用更科学合理的研究方法和研究工具对外语学习策略进行研究,综合考察外语学习策略的机制,探索学习策略各个维度的相互关系,在考察不同条件下外语学习策略差异性的同时,尝试揭示出一些共性的或规律性的特征。

第七章　英语专业学生交际策略研究

如果从 Selinker 于 1972 年率先在《过渡语》一文中提出"交际策略"(communication strategies)这个概念算起,人们对二语交际策略的研究已有 40 多年的历史。期间,学者们从不同角度对交际策略进行了比较全面、系统的研究,取得了一系列成果,对丰富和完善二语习得和应用语言学等领域的研究、提高语言教学和学习的效率做出了重要贡献。本章在系统回顾和分析上述相关成果的基础上,结合中国英语教学的实际情况,对中国英语专业学生的过渡语交际策略进行了研究,发现交际策略与英语综合水平不存在显著相关,不同口语水平组学生、男女学生在一些交际策略的使用上存在显著差异。

7.1　引言

外语教学的目标是培养学生用外语交际的能力。交际能力是指一个人运用语言手段和副语言手段达到交际目的的能力(束定芳等,2008:87),包括语言能力、语用能力和策略能力(文秋芳,2000:9)。其中策略能力指交际策略能力,是交际者通过语言或非语言途径,克服因自身语言能力而造成的交际困难的能力(Canale 等,1980)。交际策略的运用受多种因素影响,主要包括交际者的外语水平、性格、问题来源和学习与使用外语的场合(Ellis,1999:183-186)。近年以来,随着外语教学目标的明确,以学习者为中心的教学逐渐被认可和采纳,对交际策略的研究受到人们越来越多的重视,研究成果也不断涌现;但交际策略研究本身存在一定的不足(郭继东,2012),学者们对一些问题的看法仍然存在分歧(刘乃美,2006)。另外,中国的交际策略研究相对不足(刘乃美,2006;张荔,2008),有的还仅停留在对交际策略理论的引介和分析方面(刘乃美,2006)。鉴于此,本章对中国英语专业学生的过渡语交际策略进行探索性研究,以期为丰富和完善交际策略研究,提高外语教学和学习效率,做一定的贡献。

7.2　交际策略研究回顾

交际策略研究始于 20 世纪 70 年代初期。1972 年，Selinker (1972)在一篇关于过渡语的论文中首次提出了交际策略这一概念。过渡语指的是外语学习或二语习得过程中，学习者使用的介于母语和目的语之间的语言体系。它既具备学习者母语的特征，也带有他所学习的目的语的特点，并逐渐向目的语靠近。Selinker 认为交际策略是过渡语形成和发展的重要因素之一，但是没有对交际策略的内涵和外延做出明确的界定。后来，学者们从不同的角度对交际策略进行了定义和分类。Tarone 等人(1976)第一次对交际策略进行了定义和分类，他们认为交际策略是指学习者在交际时不能恰当构建目的语规则的情况下，为了能够用目的语表达或编码语义，所采取的系统性尝试。他们从过渡语分析的角度提出了母语迁移、过度概括(overgeneralization)、预制模块(prefabricated pattern)、过细加工(over elaboration)、故意增音(epenthesis)和回避这六种交际策略。Corder(1978)认为，交际策略是说话者在遇到表达困难时所采用的成系统的技巧。

80 年代是交际策略研究迅猛发展的时期。Canale 等(Canale 等,1980;Canale,1983)提出了著名的交际能力理论模式，他们认为交际能力包含语法能力、语篇能力、社会语言能力和策略能力，其中策略能力就是交际过程中的应变能力。该模式当时在应用语言学研究领域占据首屈一指的权威性地位(Skehan,1991:8)(转引自萧春麟等,2001:175)，对交际策略的研究产生了极大的推进作用，许多学者纷纷发表论文阐述观点(刘乃美,2007)。Tarone(1981)对交际策略的定义和分类进行了完善，认为交际策略的界定不应忽略其交互功能(interactional function of CS)，交际策略是在实际过程中用来缩短二语学习者和本族语者之间语言距离的一系列尝试。此次她把交际策略的分类调整为：转述(paraphrase)，其中包括近似表达(approximation)、造词(word coinage)和迂回(circumlocution)；借用(borrowing)，其中包括母语直译(literal translation)和语码转换(language switch)；求助(appeal for assistance)；手势语(mime)；回避(avoidance)，其中包括话题回避(topic avoidance)和信息放弃(message abandonment)。Tarone 的分类为后来的研究提供了较系统的框架，许多分类都是建立在此模式上(刘乃美，2007)。Faerch 和 Kasper(1983)收集了当时交际策略研究最具代表性的 12 篇论文，出版了关于交际策略的第一部专著性论文集，为学者们以后的研究工作提供了极大的便利。次年(1984)，Faerch 和 Kasper 又共同撰文，从心理语言学的角度，指出交际策略是潜藏在具体语言行为中的心理现象，是个人在完成特定交际目的中，遇到无法解决的困难时采用的潜意识计划。他们认为学习者的语言输出过程包括计划阶段和实施阶段。计划阶段由交际目标、计划过程、计划本身构成；实施阶段由计划、实施过程和语言产出构成。交际策略产生在计划阶段，具体地说，是产生在计划过程和计划本身之间。当学习者无法实现原始计划时，即交际中遇到困难时，会有两个选择，一是采取缩减策略，包括形式缩减和功能缩减，借此调整原始目标；二是采取成就策略设法加以解决，包括补偿策略和检索策略。补偿策略又分为合作策略和非合作策略。合作策略包括直接求助和间接求助两种形式。非合作策略包括语码转换、转述、直译、替换、造词、重组及非语言交际策略等。随后的十几年里，学者门(如 Bialystok，1984；Paribakht，1985；Bachman，1990；Bialystok，1990；Kasper 等，1997；Dörnyei，1995；Dörnyei 等，1997；Nakatani，2006；Nakatani，2010)对交际策略进行了更加广泛、深入的研究。研究范围不仅包括对交际策略的识别和分类，还涉及交际策略的可教性和影响交际策略的因素等；研究方法上也不再以理论分析为主，实证性研究也得到了广泛的使用；研究思路也逐步拓宽，人们更加注重借助心理学、社会心理学和心理语言学等相关学科研究成果对交际策略进行研究。

我国交际策略的研究大体上始于 20 世纪 90 年代初期，而且当时大部分成果都是对交际策略的综述和评介(如戴曼纯，1992；高一虹，1992；戴炜栋等，1994)，也有少数成果对中国英语学习者交际策略的研究(如 Chen，1990)。从 20 世纪 90 年代中后期到现在的十几年里，有关中国学生外语交际策略能力的研究逐渐多了起来。

侯松山(1998)以解放军外国语学院英语专业二年级 55 名学生

作为被试,研究了任务和性别对外语交际策略的影响。结果发现有些交际策略可能是某些交际任务所特有的,男女性别差异对有些交际策略的使用影响重大;初级水平的英语学习者,口头交际中重复策略运用的次数最多;英汉语言谱系差异阻止学生更多地使用第一语言策略维持交际的进行;交际对象和交际场合可能对交际策略的选择有一定的影响。

高海虹(2000)采用问卷调查和访谈的方法,研究了 164 名大学生(英语专业 31 人)的交际策略观念和使用频率,以及影响他们认识和使用交际策略的主要因素,并就策略观念与使用频率的相关性进行了探讨。其结论是:中国学生较多地使用减缩策略,不同语言程度的学生对减缩策略的认同程度和使用频率有显著差异;受语言学习环境和策略能力的影响,中国学生不经常使用成就策略,但他们对其有认同倾向;成就策略中,求助策略、拖延策略、副语言策略的观念和使用频率之间存在着显著的相关性。但该研究只探讨了不同语言程度被试使用减缩策略频率的差异性,对于语言水平与交际策略的相关性没有做明确的分析。

谭雪梅等(2002)对我国非英语专业中等以上英语水平的学生的交际策略能力进行了调查,发现学生使用最多的是包括母语直译和语码转换的借用策略,其次是包括近似表达、迂回表达和造词的转述策略。

王立非(2002)就课堂强化训练口语交际策略对学生的交际策略能力是否有影响、英语水平对口语交际策略有何影响、学生是否认同口语交际策略教学等问题进行了实验性研究,结果发现课堂口语交际策略强化教学可以增加学生使用策略的频度,提高英语学习者使用迂回叙述和填补停顿等口语策略的能力;口语策略教学对学生的口语流利度的提高产生一定作用,直接反映在停顿填补词策略上;流利度、准确性二参数与外语水平始终相关,但与其他策略参数无关;停顿填补词策略与口语流利度始终显著相关,但定义单词准确性、迂回叙述策略在实验后与流利度未显相关性。该研究范围主要对三种交际策略进行课堂教学,这三种策略是回避与替换话题(topic avoidance/ replacement)、迂回叙述(circumlocution)和停顿填补

(stalling device)，并没有具体涉及其他交际策略，而且也只研究语言表达的流利、准确与交际策略的相关性，语言水平与交际策略使用的相关性不在该研究范围内。

李丽（2003）以广州大学英语专业二年级学生为研究对象，做了认知风格与交际策略倾向性关系的相关研究，结果发现学生的交际策略使用的倾向性与其认知风格是对应的。

何莲珍等（2004）应用大学英语四、六级考试口语考试语料库，对非英语专业大学生在大学英语口语考试中使用交际策略的情况、学生口语水平及性别对其在口语考试中使用交际策略的影响进行了实证研究，并以问卷调查形式了解大学生的交际策略观念，研究发现性别对交际策略的观念和使用影响甚微，而口语水平对交际策略的观念和使用影响显著。

肖德法等（2004）运用定量研究的方法，调查了参加 PETS 三级口试的多背景英语学习者在口语交际中使用交际策略的状况、策略的年龄差异、策略与口语成绩的关系以及他们对交际策略的认同程度。结果发现被试使用最多的是检索策略，其次是求助策略，使用率最低的是母语策略；高分组较多使用造词、转述等成就策略，低分组较多使用检索、求助等低效率策略；母语策略、检索策略和求助策略与口试成绩呈负相关，达到统计上的显著性；外语策略与口试成绩呈正相关，但未达显著性；成年人比未成年人更多地使用交际策略；社会上英语学习者较之高校学习者的口头交际策略意识和能力较弱，使用频率普遍偏低。

张荔等（2005）对交际策略问卷信度和效度进行了研究。该研究从心理语言学和社会交互性的角度对交际策略加以定义，并将交际策略分为减缩策略、成就策略、交互策略和拖延策略，然后着重对交际策略问卷的效度和信度进行了分析。该研究选取 30 名在校学生对同一份问卷进行了前后两次调查，对每个策略选项两次调查的相关性和一致性以及量表的信度进行了定量分析，对每个选项的可接受性和量表的效度进行了定性分析，并从词汇、选项理解、级别理解、调查间隔时间等几个方面提出了对问卷设计和实施过程的改进方法。

王艳(2005)以 40 名北京某高校非英语专业本科生为研究对象，调查了第二语言程度和性格因素不同的学习者在交际策略使用上表现的差异性。结果发现第二语言程度较高的学习者和较低的学习者在交际策略的选择上明显存在差异；在同一语言程度的学习者中，外向性格学习者与内向性格学习者在交际策略的选择上也存在差异。

田金平等(2005)对非英语专业学生在小组讨论中使用交际策略的情况进行了实验研究，其结果发现所在实验班被试经过交际策略训练之后，策略使用次数增加，尤其是所培训的策略，即合作策略、填补策略和迂回策略；小组讨论中使用交际策略能短时间内提高非英语专业学生的交际能力和讨论效果；非英语专业学生对交际策略的态度是正面的、肯定的；实验也证明非英语专业学生喜欢小组讨论，如果小组讨论与使用交际策略结合起来，小组讨论的进行就会顺利和成功；讨论中进行交际策略训练对学生的笔试成绩没有影响，但可以提高学生学习英语的兴趣与信心。

于冰(2006)采用实验教学的方式，研究了交际策略在口语对话中的运用以及与英语口语对话成绩的关系，发现口语交际策略教学法有助于提升学生口语能力。

刘乃美(2006)采用问卷调查和访谈的方法，调查了普通师范院校英语专业学生对交际策略的态度和运用情况，结果发现大多数学生在交际中不知如何恰当地使用交际策略，对交际策略的重要性认识不足。

刘乃美(2007)回顾了国内外学者对交际策略理论的研究，认为交际策略运用得当，可以促使语言能力发展，过度依赖交际策略会导致语言知识僵化；应加强对语言理解中的交际策略及语言表达中的书面交际策略的探讨。

王莉梅(2008)以口语班研究生为研究对象，采用实验教学和问卷调查的研究的方法，研究了大学 EFL 学习者交际策略的性别差异及"策略取向教学"口语课教改实验对男女受试习得交际策略的作用，发现中国英语学习者在自然习得和课题教学环境下交际策略的习得都有一定的性别特征，但男女在多数交际策略方面不存在显著差异；课堂教学可以改善学生的交际策略意识和水平。

蔡小红(2007)根据二语习得交际策略研究相关成果,提出"交际策略作为译员翻译能力的重要体现,用以实现具体的交际目标,完成特定的交际任务",并笼统地列举了 20 种现场口译交际策略,但未对口译交际策略的分类做具体论述;刘建军(2009)研究了同声传译中交际策略的使用及其与口译成绩的关系;郭继东等(2009)和唐爱燕(2009)探讨了交际策略在口译中的作用;蒋凤霞等(2011)认为,口译活动具有典型的交际特点,需要运用一定的交际策略。应该指出的是,上述口译交际策略研究成果对于推动跨学科口译研究具有一定的积极意义,但它们普遍存在一个不足,即把口译交际策略与一般性的二语口头交际策略等同起来,没有从口译自身的特点出发对口译策略类别进行划分。

安梅等(2010)对非英语专业学习者使用交际策略情况进行了调查,结果发现任务类型、水平层次和专业领域和交际策略的使用有不同程度的关系,他们认为加强中国英语学习者交际策略的使用意识是一个有待解决的问题。

王莉梅(2011)对非英语专业硕士研究生进行英语口语交际策略实验教学,结果发现策略取向教学对促进受试交际策略水平和口语交流信心的提升具有积极作用,受试认同策略取向口语教学并希望尽早得到交际策略训练。

郭继东(2011)从交际策略分类和研究方法、影响交际策略使用的因素、交际策略的可教性和交际策略教学以及交际策略的有效性等角度,对近 40 年来交际策略的实证研究成果进行了系统的梳理式回顾,并就如何深化交际策略实证研究提出了一些建议。

郭继东(2012)对中国大学生英语交际困难和交际策略的关系进行了实证研究。他发现中国大学生使用频率最高的交际策略是求助、回避和拖延策略,他们遇到的最大的三个交际困难是目的语文化不足、相关专业知识不足和缺乏交际技巧;令人深省的是目的语能力不足在被调查的交际困难中排第四位。回避、求助和母语策略与绝大部分交际困难存在统计意义上的显著正相关,即学习者遇到的交际困难越多,就越频繁使用这三个交际策略,而其他策略很少与交际困难呈正相关,个别策略与交际困难呈负相关。郭继东认为,整体而言,中国学生不擅长运用交际策略、策略能力不理想。

在二语交际过程中,学习者由于受过渡语能力不足、交际环境和心理等因素的影响,会遇到各种交际困难或交际问题。为了应对或解决这些交际困难,维持交际的继续进行或改变话题,学习者往往会采用必要的交际策略。所以在大多数相关研究文献中,交际困难和交际策略总是相互对应出现的,但人们对后者比较偏爱,而对于前者,似乎只是把它当作研究交际策略的一个前提,没有给予足够的重视。例如 Dörnyei 等(1998)根据交际问题的根源系统地分析和论述了二语交际策略的定义和分类,但对交际问题本身没有给予比较充分的说明。其他学者(Bialystok 等,1980;Poulise,1990;Nakatani,2006),主要针对学习者的语言问题甚至只是词汇问题对二语学习者的交际策略进行研究,很少涉及其他交际问题。在很大程度上,交际困难从侧面反映交际能力。中国英语学习者人数众多,但是大多数学习者经过多年的英语学习后,依然不能有效地使用英语与人交际(吴庄等,2009;刘俊等,2011),许多已通过四、六级考试的学生也严重缺乏交际能力(刘国辉,2009)。中国英语学习者交际能力之所以不理想,是由于他们受到一定交际困难的困扰(郭继东,2012)。郭继东(2012)研究发现,中国大学生英语交际困难主要有九种,按照强弱依次为:

(1)英语文化知识不足:主要指学习者对英语国家的历史、文化等知识的积累不能满足英语交际听或说的需要,因此遭遇交际困难;

(2)相关专业知识不足:指在用英语交际过程中,由于学习者对与话题有关的专业知识掌握不充分,而遇到交际困难;

(3)交际策略不足:指学习者在用英语交际过程中缺乏一般的交际技巧,不擅长用交际策略处理交际困难;

(4)英语语言能力不足:主要指学习者的英语词汇、语法和发音等不能满足英语交际听或说的需要,因此遇到了交际困难;

(5)综合困难:指由于多种或某种不确定原因造成的学习者不能连贯、流畅地表达自己的想法;不能充分、正确表达自己的意思;只能听懂对方的只言片语;如果对方一次连续说较长的话或讲的内容较多,听起来就有困难,等等。

(6)语篇策略不足:指在交际中,学习者不擅长找到话题来开始一个对话,不擅长判断说话的机会,不知道何时说话、如何插话和如何结束对话;

(7)社会情感困难:指在交际过程中,学习者紧张;在陌生的环境下与人用英语交际时,会局促不安,害怕自己听错了;担心自己不能充分地说清楚自己想表达的内容;担心听不懂对方的讲话;对用英语交际不感兴趣;对方是自己的老师、领导或级别等比自己高的人,就有压力,口语水平就难以正常发挥;对方的英语水平比自己高,就有压力,口语表达会因此受到牵制;

(8)汉语和汉语文化负迁移:主要指汉语及汉语文化、汉语思维方式等对学习者的英语表达或理解造成干扰或负面影响;

(9)一般性知识不足:指在用英语交际过程中,由于学习者对与话题有关的一般常识性知识掌握不充分,而遇到交际困难。

尽管郭继东(2012)具体列出了大学生英语交际困难,比较系统地分析了交际困难与交际策略的关系。他的研究不足之处也比较明显,比如例证不足,对学习者口语水平与交际策略和交际困难的关系没有进行深入探讨,等等。

综上所述,鉴于目前相关成果有较大的局限性,人们对外语学习认识的不断提高,外语交际策略研究仍然有较大的必要性,存在较大的提升空间。

7.3 研究设计

7.3.1 研究问题

本研究主要探讨以下问题:①英语专业学生交际策略的使用整体分布情况如何? ②交际策略与英语综合水平如何相关? ③不同口语水平的学生在交际策略的使用上是否存在显著差异? ④男女学生在使用交际策略上是否存在差异?

7.3.2 研究对象

参与本研究的是按照随机抽样的方法,选自杭州电子科技大学英语专业 2010 级 105 名本科生,其中男生 23 名(21.9%),女生 82

名(78.1%),他们在 2012 年上半年参加了全国英语专业四级笔试和口试。

7.3.3　研究工具

本研究主要采用测试、问卷调查和访谈三种研究工具进行。首先,所有参加研究的学生参加了 2012 年全国英语专业四级笔试和口试,考试成绩作为反映他们英语综合水平和口语水平的变量。其次,我们采用交际策略问卷对他们进行了调查。问卷选自郭继东(2012)的研究成果,该问卷是基于 Tarone(1977,1981),Dörnyei 等(1997),Dörnyei 等(1998),Faerch 等(1983,1984),Nakatani(2006),Rababah(2005),Cohen(1998)和张荔(2008)等国内外交际策略的研究成果设计而成,问题设置力求简明易懂,多数问题都附有例子,用汉语问答。交际策略问卷由 43 道选择题组成,涵盖九大交际策略,需要学生从"这种方法我从来不用"到"这种方法我用得很多"五个选项中选择一个答案,具体见表 7-1。

表 7-1　交际策略的分类及主要内容

策略分类	主 要 内 容
母语交际策略	直译,语码转换
外语交际策略	举例,概括,描述,替代,造词,重复,结构重组,预制结构
求助策略	直接求助,间接求助
回避策略	形式削减,功能削减
拖延策略	放慢语速,使用语气词,使用插入语
社会情感策略	努力放松,自我鼓励,平稳情绪
非语言策略	画图,模仿,猜测,打手势
语篇策略	开始话题,结束话题,话轮转换,话语连贯,确认理解
检索策略	追溯以往经历,借助相关词语回忆,随后补充

7.3.4　数据收集和分析

问卷调查是在英语专业四级考试成绩发布后,分别由相关教师在课堂上向学生发放,教师除了说明"本调查结果只用于学术研究,调查报告等绝不涉及个人情况,请大家实事求是地填写"外,也向学生讲解问卷填写方法,学生填好后,再由教师统一收回。问卷收回后,我们对其进行了初步的整理和编号。整个调查总共发放问卷110份,收回108份,其中3份问卷因为填写不规范或信息不完整等原因被删除,最后用于统计分析的有效问卷105份。然后用SPSS19.0对数据进行录入、整理和统计分析。问卷信度检验表明,Cronbach's Alpha系数达到.840,说明问卷内在一致性较强,具有较好的信度。

7.4 结果与讨论

7.4.1 交际策略使用整体分布情况

为了了解研究对象交际策略使用情况的整体分布,我们首先对各类交际策略和英语专业四级笔试分数进行了描述性统计分析。表7-2是按各交际策略的平均值从大到小降幂排列的描述性统计分析结果。表7-2表明,除母语策略外,其他各交际策略的平均值介于3~4之间,说明英语专业学生使用交际策略的频率介于有时到较多之间,尤其是求助策略、语篇策略、回避策略、拖延策略和外语策略的平均值都大于总体策略的平均值(3.3140),说明他们相对较多使用这些策略。可能因为参加本研究的学生刚刚升入大学三年级,他们的英语交际活动场所多限于校园甚至课堂上,英语交际多以学习为目的,所以,会较容易向外界求教或借助词典来解决所遇到的交际问题或困难。根据访谈,学生认为使用语篇策略可以帮助口语表达思路更清晰,更具有逻辑性,所以他们也经常使用。参加本研究的学生刚刚结束大学二年级的学习,正处于英语能力上升的阶段,一些语言和文化等知识体系还在形成中,有的知识点还未曾接触过,他们的过渡语能力局限性也就很大,所以有的交际困难超出了他们的能力所及,只好采取回避的办法。另外,对一些没有把握的问题,有时他们也采取回避的方法,他们认为即便是勉强表达出来,别人也不理解,还暴露出自己的口语缺陷,还莫不如绕开或放弃。但他们也知道过多使用回避策略会影响口语水平的提高,会出现交际能力徘徊不前的情况,所以很多时候还是努力尝试使用拖延、外语等策略解决交际困难。但他们的外语策略平均值刚刚超过总交际策略平均值,即他们使用所学的英语解决交际问题的能力还有待进一步提高。情感因素是影响外语学习的重要因素之一。英语专业学生的情感策略平均值小于总交际策略平均值,他们还不太善于使用情感策略解决交际困难。母语策略的平均值最低,说明研究对象最少使用母语策略。参加访谈的学生认为过于依赖母语会影响英语水平的提高,英语口语中夹杂汉语是英语很差的表现,况且真正和外国人交际时,他们也听不懂汉语。

另外,各类交际策略数据的偏度和峰度值都较小,说明数据处于正态分布,适合下面进一步的参数统计分析。图7-1也比较形象地提供了各交际策略的具体排列情况。

表7-2　交际策略描述性统计分析结果

	N	极小值	极大值	均值	标准差	偏度	峰度
求助策略	105	1.88	5.00	3.7755	.63014	−.107	−.137
语篇策略	105	2.25	4.75	3.6296	.57460	−.104	−.161
回避策略	105	1.60	5.00	3.4139	.56784	.345	.791
拖延策略	105	2.00	5.00	3.4083	.66190	.169	−.218
外语策略	105	2.13	4.25	3.3746	.42498	−.257	.307
检索策略	105	1.50	5.00	3.2555	.65873	.358	.639
情感策略	105	1.40	5.00	3.2210	.65921	−.171	.320
非语言策略	105	1.75	4.25	3.1405	.54917	−.112	−.331
母语策略	105	1.00	5.00	2.6067	.91011	.584	.082
总交际策略	105	2.47	4.20	3.3140	.34661	.159	.193
笔试分数	105	52.00	81.00	66.7714	6.22689	.186	−.642

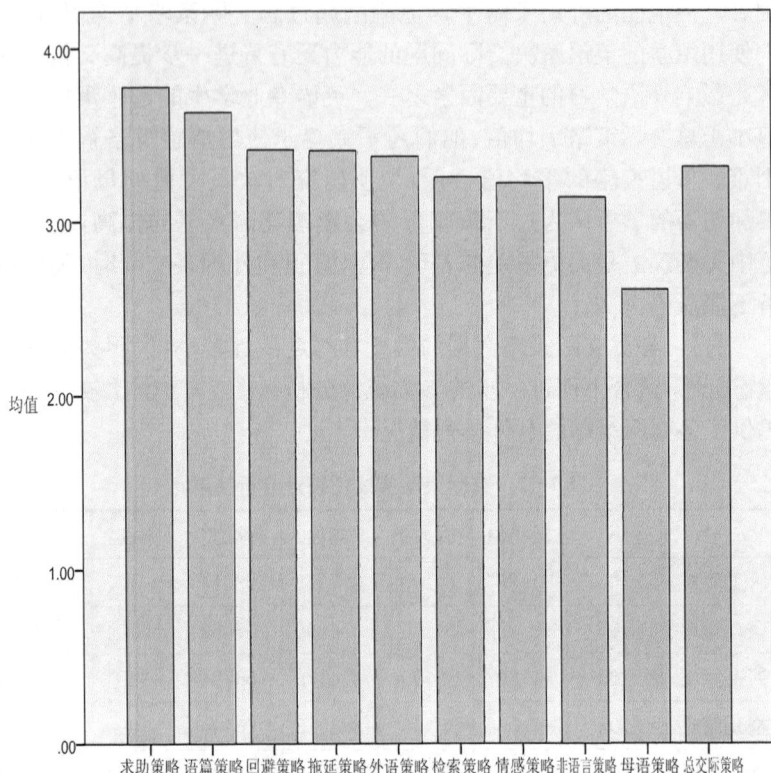

图 7 - 1   各类交际策略均值

7.4.2   交际策略与英语水平的关系

为了明确各类交际策略间及其与英语综合水平的关系,我们对其进行了相关分析,结果见表 7 - 3。首先,从表 7 - 3 可以看出,母语交际策略、外语交际策略、情感策略、语篇策略与英语水平呈正相关,其中母语策略与英语水平的相关性最小,虽然各相关系统都没有达到统计意义上显著性,但也在一定程度上说明这些学生的英语水平越高,在交际中越倾向使用这些策略。求助策略、回避策略、拖延策略、非语言策略和检索策略均与英语水平负相关,尽管都未达到显著性,也能多少反映出学生的英语水平越高,越较少使用这些策略的趋势。

表7-3 各交际策略及其与英语水平的相关分析结果

		母语策略	外语策略	求助策略	回避策略	拖延策略	情感策略	非语言策略	语篇策略	检索策略	总交际策略
笔试分数	相关性	.016	.114	−.088	−.026	−.020	.145	−.005	.098	−.031	.035
	显著性	.873	.248	.374	.795	.838	.141	.963	.320	.754	.725
	N	105	105	105	105	105	105	105	105	105	105
母语策略	相关性	1	.209*	.110	.316**	.185	−.075	.123	.014	−.158	.414**
	显著性		.033	.262	.001	.059	.449	.211	.887	.107	.000
	N	105	105	105	105	105	105	105	105	105	105
外语策略	相关性	.209*	1	.394**	.174	.321**	.267**	.353**	.424**	.408**	.659**
	显著性	.033		.000	.076	.001	.006	.000	.000	.000	.000
	N	105	105	105	105	105	105	105	105	105	105
求助策略	相关性	.110	.394**	1	.239*	.250*	.277**	.268**	.533**	.389**	.671**
	显著性	.262	.000		.014	.010	.004	.006	.000	.000	.000
	N	105	105	105	105	105	105	105	105	105	105
回避策略	相关性	.316**	.174	.239*	1	.138	−.071	.467**	−.011	−.075	.425**
	显著性	.001	.076	.014		.160	.474	.000	.908	.448	.000
	N	105	105	105	105	105	105	105	105	105	105
拖延策略	相关性	.185	.321**	.250*	.138	1	.276**	.225*	.282**	.201*	.578**
	显著性	.059	.001	.010	.160		.004	.021	.004	.039	.000
	N	105	105	105	105	105	105	105	105	105	105
情感策略	相关性	−.075	.267**	.277**	−.071	.276**	1	.113	.514**	.458**	.539**
	显著性	.449	.006	.004	.474	.004		.253	.000	.000	.000
	N	105	105	105	105	105	105	105	105	105	105
非语言策略	相关性	.123	.353**	.268**	.467**	.225*	.113	1	.257**	.265**	.574**
	显著性	.211	.000	.006	.000	.021	.253		.008	.006	.000
	N	105	105	105	105	105	105	105	105	105	105

		母语策略	外语策略	求助策略	回避策略	拖延策略	情感策略	非语言策略	语篇策略	检索策略	总交际策略
语篇策略	相关性	.014	.424**	.533**	−.011	.282**	.514**	.257**	1	.450**	.661**
	显著性	.887	.000	.000	.908	.004	.000	.008		.000	.000
	N	105	105	105	105	105	105	105	105	105	105
检索策略	相关性	−.158	.408**	.389**	−.075	.201*	.458**	.265**	.450**	1	.555**
	显著性	.107	.000	.000	.448	.039	.000	.006	.000		.000
	N	105	105	105	105	105	105	105	105	105	105
总交际策略	相关性	.414**	.659**	.671**	.425**	.578**	.539**	.574**	.661**	.555**	1
	显著性	.000	.000	.000	.000	.000	.000	.000	.000	.000	
	N	105	105	105	105	105	105	105	105	105	105

* $P<.05$，** $P<.01$

各交际策略与英语水平未达到统计意义上的显著相关，可能和英语专业教学水平的提高和学生学习观念的不断完善有一定的关系。目前，多数学生认为交际策略是英语交际过程中不可缺少的交际技巧，是交际能力的重要组成部分，所以，参与本研究的学生对交际策略的认识和使用比较统一。

7.4.3 交际策略与口语水平关系

在参加本研究的 105 名英语专业学生中，1 人的英语专业四级口语成绩为优秀，8 人良好，70 人合格，22 人不合格，4 人因为录音失效等没有四级口语成绩。我们按照四级口语成绩的高低把有口语成绩的 101 名学生分为三组，口语成绩优秀和良好的学生为高分组，口语合格的学生为中分组，不合格的学生为低分组，然后对各组的交际策略值进行了统计分析，结果见表 7 - 4、表 7 - 5、表 7 - 6。

表7－4　口语高、中、低分组交际策略描述性统计分析结果

		N	均值	标准差	标准误	95% 置信区间		极小值	极大值
						下限	上限		
母语策略	低分组	22	2.8864	1.02274	.21805	2.4329	3.3398	1.50	5.00
	中分组	70	2.5743	.80264	.09593	2.3829	2.7657	1.00	4.50
	高分组	9	2.0000	1.00000	.33333	1.2313	2.7687	1.00	4.00
	总数	101	2.5911	.89163	.08872	2.4151	2.7671	1.00	5.00
外语策略	低分组	22	3.3409	.35183	.07501	3.1849	3.4969	2.75	4.00
	中分组	70	3.3387	.44544	.05324	3.2325	3.4449	2.13	4.25
	高分组	9	3.6389	.33333	.11111	3.3827	3.8951	3.13	4.25
	总数	101	3.3659	.42327	.04212	3.2824	3.4495	2.13	4.25
求助策略	低分组	22	3.8030	.71016	.15141	3.4882	4.1179	2.67	5.00
	中分组	70	3.7983	.54020	.06457	3.6695	3.9271	2.67	5.00
	高分组	9	3.7778	.86603	.28868	3.1121	4.4435	2.67	4.67
	总数	101	3.7975	.60605	.06030	3.6779	3.9171	2.67	5.00
回避策略	低分组	22	3.5909	.48786	.10401	3.3746	3.8072	3.00	4.60
	中分组	70	3.4314	.58546	.06998	3.2918	3.5710	1.60	5.00
	高分组	9	2.9556	.32830	.10943	2.7032	3.2079	2.60	3.60
	总数	101	3.4238	.56659	.05638	3.3119	3.5356	1.60	5.00
拖延策略	低分组	22	3.2879	.62822	.13394	3.0093	3.5664	2.00	4.67
	中分组	70	3.3857	.66579	.07958	3.2270	3.5445	2.00	5.00
	高分组	9	3.6296	.63343	.21114	3.1427	4.1165	2.67	4.67
	总数	101	3.3861	.65444	.06512	3.2569	3.5153	2.00	5.00
情感策略	低分组	22	3.0182	.58524	.12477	2.7587	3.2777	1.40	3.80
	中分组	70	3.2686	.66016	.07890	3.1112	3.4260	1.60	5.00
	高分组	9	3.4667	.55678	.18559	3.0387	3.8946	2.60	4.40
	总数	101	3.2317	.64295	.06398	3.1048	3.3586	1.40	5.00

（续表）

		N	均值	标准差	标准误	95% 置信区间		极小值	极大值
						下限	上限		
非语言策略	低分组	22	3.0909	.60032	.12799	2.8247	3.3571	2.25	4.25
	中分组	70	3.1643	.54488	.06513	3.0344	3.2942	1.75	4.25
	高分组	9	3.1944	.46398	.15466	2.8378	3.5511	2.50	3.75
	总数	101	3.1510	.54667	.05440	3.0431	3.2589	1.75	4.25
语篇策略	低分组	22	3.5125	.58197	.12408	3.2545	3.7705	2.63	4.63
	中分组	70	3.6119	.54693	.06537	3.4815	3.7424	2.25	4.75
	高分组	9	4.0972	.41353	.13784	3.7794	4.4151	3.63	4.75
	总数	101	3.6335	.56045	.05577	3.5229	3.7442	2.25	4.75
检索策略	低分组	22	3.2500	.68574	.14620	2.9460	3.5540	2.25	5.00
	中分组	70	3.2297	.63961	.07645	3.0772	3.3822	1.50	5.00
	高分组	9	3.5278	.76490	.25497	2.9398	4.1157	2.75	5.00
	总数	101	3.2607	.65951	.06562	3.1305	3.3909	1.50	5.00
总交际策略	低分组	22	3.3090	.33494	.07141	3.1605	3.4575	2.78	4.17
	中分组	70	3.3114	.34990	.04182	3.2280	3.3949	2.47	4.20
	高分组	9	3.3653	.21404	.07135	3.2008	3.5299	3.00	3.64
	总数	101	3.3157	.33458	.03329	3.2497	3.3818	2.47	4.20
笔试分数	低分组	22	62.6818	4.40115	.93833	60.7305	64.6332	55.00	73.00
	中分组	70	67.6143	6.34581	.75847	66.1012	69.1274	52.00	81.00
	高分组	9	70.1111	5.18277	1.72759	66.1273	74.0949	62.00	78.00
	总数	101	66.7624	6.25963	.62286	65.5266	67.9981	52.00	81.00

　　从表 7 - 4 可以看出,高分组的总交际策略平均值最大(3.3653),中分组次之(3.3114),低分组最小(3.3090)。所以,整体而言,英语口语水平越高,使用交际策略的频率就越高。这也从侧面反映策略能力是交际能力的一部分。具体到各交际策略,高分组使用更多的外语策略(3.6389)、拖延策略(3.6296)、情感策略(3.4667)、非语言策略(3.1944)、语篇策略(4.0972)和检索策略(3.5278),其中以语篇

策略的平均值最高,口语水平中、低水平分组的学生这些策略的使用频率依次递减。相反,低分组学生使用更多的母语策略(2.8864)、求助策略(3.8030)、回避策略(3.5909),中、高口语水平组学生这三个策略的使用频率依次递减。

口语水平是英语综合能力的体现,一般而言,口语成绩高的学生英语笔试成绩也会高,过渡语综合能力就较强。从表7－4可以看出,口语水平高、中、低分组的学生,笔试分数也相应地依次降低。口语水平高的学生更善于运用所学的外语进行交际,更容易采用一定的策略积极地面对或解决交际困难。口语水平低的学生,过渡语能力较弱,面对交际困难,更倾向于依赖母语或求助外界,甚至更容易放弃部分或全部交际内容。各口语水平分组的交际策略使用情况也在图7－2中清楚地展现出来。表7－5和表7－6进一步表明口语水平高、中和低分组交际策略使用的差异性。

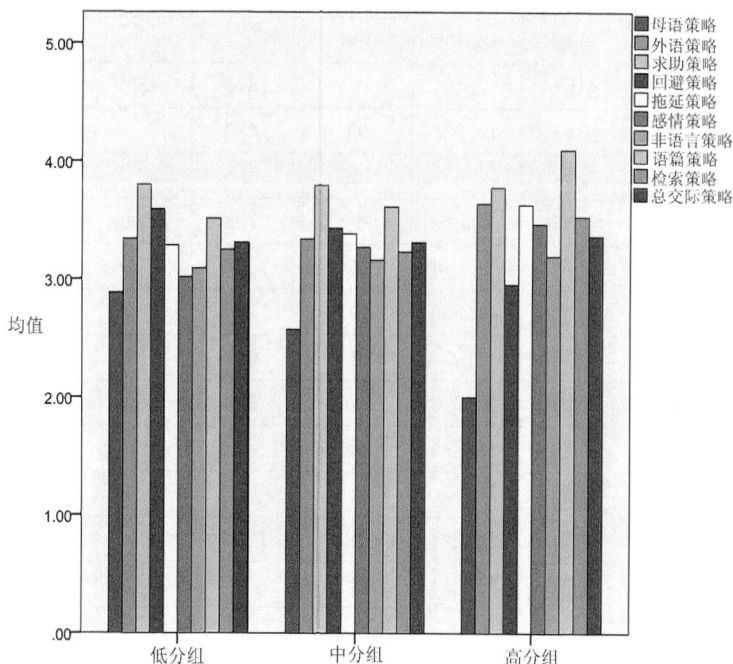

图7－2　口语高、中和低分组交际策略分布

表 7-5　口语高、中、低分组交际策略单因素方差分析结果

		平方和	自由度	均方	F	显著性
母语策略	组间	5.082	2	2.541	3.346	.039
	组内	74.418	98	.759		
	总数	79.500	100			
外语策略	组间	.736	2	.368	2.100	.128
	组内	17.179	98	.175		
	总数	17.915	100			
求助策略	组间	.004	2	.002	.006	.994
	组内	36.726	98	.375		
	总数	36.730	100			
回避策略	组间	2.592	2	1.296	4.303	.016
	组内	29.511	98	.301		
	总数	32.103	100			
拖延策略	组间	.746	2	.373	.869	.423
	组内	42.083	98	.429		
	总数	42.829	100			
情感策略	组间	1.595	2	.798	1.967	.145
	组内	39.744	98	.406		
	总数	41.339	100			
非语言策略	组间	.109	2	.054	.179	.836
	组内	29.776	98	.304		
	总数	29.885	100			
语篇策略	组间	2.290	2	1.145	3.853	.024
	组内	29.121	98	.297		
	总数	31.411	100			

（续表）

		平方和	自由度	均方	F	显著性
检索策略	组间	.712	2	.356	.815	.446
	组内	42.783	98	.437		
	总数	43.495	100			
总交际策略	组间	.024	2	.012	.107	.898
	组内	11.170	98	.114		
	总数	11.194	100			

　　从表 7-5 的方差分析结果可以看出,各口语水平分组在母语策略(F=3.346,P=.039)、回避策略(F=4.303,P=.016)和语篇策略(F=3.853,P=.024)存在显著性差异。表 7-6 是各口语水平组间两两多重比较结果,可以看出各组在母语策略、外语策略、回避策略和语篇策略使用上存在显著差异或接近显著差异,说明高分组明显较多使用外语策略、语篇策略和情感策略,中、低水平组明显较多地使用母语策略和回避策略。

表 7-6　口语高、中、低分组交际策略多重比较结果

因变量	(I)口试	(J)口试	均值差(I-J)	标准误	显著性	95% 置信区间 下限	95% 置信区间 上限
母语策略	低分组	中分组	.31205	.21299	.146	−.1106	.7347
		高分组	.88636 *	.34481	.012	.2021	1.5706
	中分组	低分组	−.31205	.21299	.146	−.7347	.1106
		高分组	.57431	.30858	.066	−.0381	1.1867
	高分组	低分组	−.88636 *	.34481	.012	−1.5706	−.2021
		中分组	−.57431	.30858	.066	−1.1867	.0381

因变量	（I）口试	（J）口试	均值差（I-J）	标准误	显著性	95% 置信区间 下限	上限
外语策略	低分组	中分组	.00224	.10233	.983	−.2008	.2053
		高分组	−.29798	.16567	.075	−.6267	.0308
	中分组	低分组	−.00224	.10233	.983	−.2053	.2008
		高分组	−.30022 *	.14826	.046	−.5944	−.0060
	高分组	低分组	.29798	.16567	.075	−.0308	.6267
		中分组	.30022 *	.14826	.046	.0060	.5944
求助策略	低分组	中分组	.00474	.14963	.975	−.2922	.3017
		高分组	.02525	.24223	.917	−.4554	.5059
	中分组	低分组	−.00474	.14963	.975	−.3017	.2922
		高分组	.02051	.21678	.925	−.4097	.4507
	高分组	低分组	−.02525	.24223	.917	−.5059	.4554
		中分组	−.02051	.21678	.925	−.4507	.4097
回避策略	低分组	中分组	.15948	.13413	.237	−.1067	.4257
		高分组	.63535 *	.21713	.004	.2045	1.0663
	中分组	低分组	−.15948	.13413	.237	−.4257	.1067
		高分组	.47587 *	.19432	.016	.0902	.8615
	高分组	低分组	−.63535 *	.21713	.004	−1.0663	−.2045
		中分组	−.47587 *	.19432	.016	−.8615	−.0902
拖延策略	低分组	中分组	−.09784	.16017	.543	−.4157	.2200
		高分组	−.34175	.25929	.191	−.8563	.1728
	中分组	低分组	.09784	.16017	.543	−.2200	.4157
		高分组	−.24392	.23205	.296	−.7044	.2166
	高分组	低分组	.34175	.25929	.191	−.1728	.8563
		中分组	.24392	.23205	.296	−.2166	.7044

（续表）

因变量	（I）口试	（J）口试	均值差（I-J）	标准误	显著性	95% 置信区间 下限	上限
情感策略	低分组	中分组	－.25039	.15565	.111	－.5593	.0585
		高分组	－.44848	.25198	.078	－.9485	.0516
	中分组	低分组	.25039	.15565	.111	－.0585	.5593
		高分组	－.19810	.22551	.382	－.6456	.2494
	高分组	低分组	.44848	.25198	.078	－.0516	.9485
		中分组	.19810	.22551	.382	－.2494	.6456
非语言策略	低分组	中分组	－.07338	.13473	.587	－.3407	.1940
		高分组	－.10354	.21811	.636	－.5364	.3293
	中分组	低分组	.07338	.13473	.587	－.1940	.3407
		高分组	－.03016	.19519	.878	－.4175	.3572
	高分组	低分组	.10354	.21811	.636	－.3293	.5364
		中分组	.03016	.19519	.878	－.3572	.4175
语篇策略	低分组	中分组	－.09945	.13324	.457	－.3639	.1650
		高分组	－.58473 *	.21569	.008	－1.0128	－.1567
	中分组	低分组	.09945	.13324	.457	－.1650	.3639
		高分组	－.48528 *	.19303	.014	－.8683	－.1022
	高分组	低分组	.58473 *	.21569	.008	.1567	1.0128
		中分组	.48528 *	.19303	.014	.1022	.8683
检索策略	低分组	中分组	.02026	.16149	.900	－.3002	.3407
		高分组	－.27778	.26144	.291	－.7966	.2410
	中分组	低分组	－.02026	.16149	.900	－.3407	.3002
		高分组	－.29804	.23397	.206	－.7624	.1663
	高分组	低分组	.27778	.26144	.291	－.2410	.7966
		中分组	.29804	.23397	.206	－.1663	.7624

（续表）

因变量	(I)口试	(J)口试	均值差(I-J)	标准误	显著性	95% 置信区间	
						下限	上限
总交际策略	低分组	中分组	−.00248	.08252	.976	−.1662	.1613
		高分组	−.05637	.13359	.674	−.3215	.2087
	中分组	低分组	.00248	.08252	.976	−.1613	.1662
		高分组	−.05389	.11955	.653	−.2911	.1834
	高分组	低分组	.05637	.13359	.674	−.2087	.3215
		中分组	.05389	.11955	.653	−.1834	.2911
* P< .05							

交际策略的选用受学习者语言水平和学习环境等因素影响（束定芳等，2008）。口语水平高分组学生能够较多地使用外语和语篇等策略，但高分组的学生只有 9 人，不到总人数的十分之一；而占绝大多数的中低水平组学生较多地使用回避、求助和母语策略。所以整体而言，这些学生用以解决交际困难的策略能力相对不强。根据郭继东（2012）的研究，中国大学生英语交际困难主要有英语文化知识不足、相关专业知识不足和交际策略能力不足等。参加访谈的学生也反映，交际中最难表达的是相关文化和相关专业知识。这除了和他们的英语综合水平有大的关系外，还和外语教学有关。中国外语教育重知识积累，不重交际能力的培养（戴炜栋等，2001），这里所说的知识更多的是指英语语言知识。甚至有研究者（Bai Qiumei, 2007）认为，中国学生英语学习只是词汇和语法的学习。这种说法虽然有些夸张，但也基本反映了中国英语教学重语言形式和规则的讲解、轻文化和相关专业知识的传授，强调语言知识的输入忽视语言产出的事实。"以往那种讲解课文、做课后词汇、语法练习的学习路子忽略了语言产出这一重要学习过程，直接影响了学生综合运用能力的发展。"（吴一安，2002）由于种种原因，我国的外语教学从中学到大学应试倾向明显（束定芳等，2008：4），而且测试的主要内容又是以语言知识和技能为主。大学生长期接受这种以培养应试能力为特征的

英语教学,他们自身的英语学习也会以词汇用法、语法规则和应试技巧等为导向,很难涉及英语文化和相关知识领域的内容。为此,中国大学生积累了丰富的英语语言知识,而对英语文化和相关领域的知识知之甚少。其次,相对而言,文化方面和相关专业知识方面的困难比语言本身的困难不易克服和解决,学生可以使用同义词替代等方法表达一个生词的意思,但某种文化现象或专业术语就很难用一、两个词或句子表述清楚。因而,他们目前在英语交际中遇到的最大的交际困难是英语文化知识不足和相关专业知识不足,而不是英语语言能力不足,就不足为奇了。

语言技巧的培养并不能保证交际能力获得,过分强调句子的操练或练习反而容易抑制交际能力的发展 Widdowson(1999:67)。因此,学习者不仅要学会语言,而且也应该掌握在具体交际场合运用语言的策略(Littlewood,1990:4)。但是,作为交际能力的重要组成部分,学习者的策略能力往往会被语言教材的编写者和教师给忽略了(Dörnyei 等,1991:17)。中国出版的英语教材很少提及交际策略,很多学生没意识到交际策略的存在,更不要说接受如何使用交际策略方面的正规培训了(孔京京,2006)。另外,对于很多英语专业的学生而言,课堂往往是英语交际的主要场所。而中国的英语课堂往往人数较多,教学模式多以教师讲授为中心,很多时候,学生只是担当了听众的角色,缺乏英语实践和使用交际策略来处理交际困难的机会。

7.4.4　交际策略的性别差异

性别是影响策略选用的重要因素。为了明确英语专业男女学生在交际策略使用和四级成绩方面是否存在差异,我们对其进行了独立样本 t 检验。表 7-7 显示,女生的四级成绩高于男生,而且达到了显著差异水平。在交际策略使用频率方面,除了外语策略、拖延策略和检索策略外,女生的其他策略平均值(包括总交际策略)均大于男生,而且与男生在母语策略($t=-2.884$,$P=.005$)上存在显著差异,在非语言策略($t=-1.839$,$P=.069$)上的差异接近显著。所以,整体而言,女生较男生更频繁地使用交际策略。女性的社会角色、地位、外界对女性语言水平及能力的期待以及女性的职业取向等因素致使女性的外语学习动机较男性强,对外语学习持有更加积极的态度(王莉梅,2008)。所以,女生比男生更加关注学习成绩,更加珍惜学习锻炼的机会,在交际过程中较多地使用交际策略,积极应对各种交际困难和问题。

表7-7 男女学生交际策略和四级成绩独立样本t检验结果

策略类型	男生		女生		t值	显著性
	平均值	标准差	平均值	标准差		
母语策略	2.1392	.84194	2.7378	.88967	−2.884	.005
外语策略	3.4185	.42741	3.3623	.42611	.559	.578
求助策略	3.7339	.79704	3.7872	.58021	−.357	.722
回避策略	3.2372	.67367	3.4634	.52857	−1.704	.091
拖延策略	3.4728	.72948	3.3902	.64535	.527	.599
情感策略	3.0957	.56204	3.2561	.68297	−1.032	.305
非语言策略	3.2561	.68297	3.1921	.51265	−1.839	.069
语篇策略	3.4874	.71260	3.6695	.52787	−1.141	.263
检索策略	3.3587	.80420	3.2266	.61450	.849	.398
总交际策略	3.2111	.39843	3.3428	.32755	−1.623	.108
笔试分数	63.8261	5.59750	67.5976	6.17414	−2.640	.010

7.5 结束语

语言能力、文化知识能力和策略能力等都是二语交际能力的重要组成部分,在教学中如果不能把它们有机结合,就很难很好地实现培养学习者交际能力的目标。基于以上发现和和分析,我们提出以下建议。①大学英语和英语专业教学都应减少语言技能课的设置或教学比重,增加相关知识课程或教学内容,尝试实施以内容为依托的英语教学(CBI),以此来解决学生在英语交际中知识面狭窄、言之无物、信息量不大的问题。②适当地进行交际策略指导或训练,但也必须让学生认识到交际策略在很大程度上是一种权宜之计,不能过于依赖,否则他们的英语能力会面临停滞不前的僵化状态(fossilization)。"策略训练的目标不在于掌握策略本身,而在于提高学习者的策略意识,增强他们策略的选择范围,锻炼和培养他们自我监控和自我调控的能力"(文秋芳,2000)。③尽可能地为学生谋求和创造使用英语的机会,引导和鼓励他们大胆地用英语交际,用英语解决学习和生活中的一些问题,帮助他们"在学中用,用中学",在不断的实践中验证假设,纠正偏误,使英语学习回归到其自然发展的轨道上来。

第八章　英语专业学生口试焦虑与交际策略

本章采用定量和定性相结合的方法调查并研究了在英语专业四级口试情形下,英语专业学生口试焦虑和交际策略的相关性。结果表明,绝大部分学生受到口试焦虑的较大困扰,有相当大的不适感;不同口试焦虑水平的学生在使用语码转换等四种交际策略上存在显著差异;学生的口试焦虑水平和三种交际策略呈非常显著正相关。基于以上结果,本章进行了必要的讨论,并提出了相应的建议。

8.1　引言

考试焦虑和考试策略是外语测试研究中的两个重要内容。考试焦虑是外语学习焦虑的一种,是指学习者由于担心考试失败而产生的行为焦虑(Horwitz 等,1986)。考试策略是考生在完成考试题目时有意选择的解题步骤和过程,包括交际策略、检索策略、排练策略和掩盖策略等运用语言的策略和考试技巧(Cohen,2000)。近年以来,随着外语教学目标的进一步明确,以学习者为中心的教学更加被认可和采纳,对考试焦虑和考试策略的研究受到人们越来越多的重视,研究成果也不断涌现(Young,1991;Cohen,2000;吕红艳,2010),但是有关英语专业学生口语考试焦虑与考试策略的关系,尤其是有关口试焦虑与作为重要考试策略的交际策略的相互关系的研究成果鲜见。鉴于此,本章将对英语专业学生口试焦虑和交际策略的相关性进行探索性研究,以期为英语口语测试实践和研究等提供一定的参考。

8.2　研究设计

8.2.1　研究问题

本章试图回答三个问题:①口试情形下,英语专业学生口试焦虑和交际策略的选用情况如何？②不同口试焦虑水平的学生交际策略使用情况是否存在差异？③英语专业学生口试焦虑和交际策略之间是否具有统计意义上的相关？

8.2.2　研究对象

参与本研究的是浙江某大学英语专业 2009 级 6 个自然班 142 名学生,其中男生 22 人,女生 120 人,平均年龄 20.17 周岁。另外,在 142 名研究对象中,3 名男生和 9 名女生还参加了访谈。所有学生在大二下学期参加了 2011 年全国英语专业四级笔试和口试。

8.2.3　研究工具和研究过程

研究工具包括调查问卷和访谈。问卷主要由口试焦虑量表和口试交际策略量表组成。口试焦虑量表选用美国著名心理学家 Sarason(1978)的考试焦虑量表,部分问题的表达根据英语专业四级口语考试的特点进行了一定的调整。口试焦虑量表共有 37 个问题,每个问题要求作是或否的二择一的回答。口试交际策略量表是一个五分制的利克特(Likert)频率量表,包括 21 道选择题目,要求学生从"这种方法我从来不用"到"这种方法我用得很多"五个选项中选择一个答案。所有问题是根据 Tarone(1981)和 Faerch 等(1984)对交际策略的分类设置的。

问卷调查是在英语专业四级口试(TEM4-Oral)结束后两天内实施,由相关教师在课堂上组织学生填写完成。教师除了向学生讲解问卷填写方法外,还向他们说明本调查只用于学术研究,请大家客观地填写。问卷回收后,首先对其进行初步核对、整理、编号,进行电脑录入。然后运用 SPSS19.0 对反向问题重新编码,对问卷的内部一致性进行信度分析,结果表明量表信度较好,满足统计分析的要求。最后用相关统计方法对上述变量做进一步分析。统计分析结束后,根据分析的结果,随机在高、中、低不同焦虑水平的学生中各选出四人就相关问题进行了访谈。

8.3 研究结果

8.3.1 英语专业学生口试焦虑和口试交际策略的分布情况

　　表8-1是英语专业学生口试焦虑和口试交际策略的描述性统计分析结果。从表8-1可以看出,被调查的学生口试焦虑水平介于4到33之间,平均值达到了16.6761,超过了Newman(1996)(引自王才康,2001)提出的15分或以上表明学习者确实因要参加考试而感到相当程度的不适。在被调查的16种交际策略中,有10种策略的平均值介于3至4间,说明被调查的学生在口试中使用这些策略的频率范围介于"有时"到"较多"之间;6种交际策略的平均值在2至3之间变化,表明它们被使用的频率介于"很少"到"有时"之间。另外,从交际策略的排序看,排在前三位的是功能缩减、重组和猜测策略;排在后三位的是直译、模仿和语码转换。另外,通过访谈了解到,在口试过程中,一半以上的学生受到口试焦虑的较大影响;几乎所有的学生都不同程度地有意或无意地使用了一些交际策略。

表8-1 口试焦虑和口试交际策略的描述性统计分析结果

	最小值	最大值	平均值	标准差	偏态值
总焦虑值	4.00	33.00	16.6761	6.36652	.372
功能缩减	1.33	5.00	3.6925	.54876	−.571
重组	1.00	5.00	3.5070	.87313	−.411
猜测	1.00	5.00	3.5000	.82299	−.465
举例	1.00	5.00	3.4930	.77867	−.662
概括	1.00	5.00	3.3741	.87868	−.031
替代	1.00	5.00	3.3451	.85921	−.188
拖延策略	1.00	5.00	3.2113	.68126	.002
手势语	1.00	5.00	3.1831	1.06937	−.126
重复	1.00	5.00	3.1357	.93077	−.003
形式缩减	1.00	5.00	3.0035	.79559	.020

（续表）

	最小值	最大值	平均值	标准差	偏态值
预制模式	1.00	5.00	2.9648	1.04108	.071
造词	1.00	5.00	2.7394	.92774	.003
描写	1.00	5.00	2.6831	.76603	—.157
直译	1.00	5.00	2.5352	.97240	.299
模仿	1.00	5.00	2.4155	.90109	.670
语码转换	1.00	5.00	2.3099	1.08623	.433

8.3.2　不同口试焦虑水平学生的口试交际策略对比

根据 Newman（1996）（引自王才康,2001）提出的 12 分以下考试焦虑属于较低水平,12 分至 20 分属于中等水平,20 分以上属于较高水平的划分标准,按口试焦虑总值把所有学生分成低、中、高三个焦虑水平组,其中低水平组 33 人,占总人数的 23.2%,中焦虑水平组 78 人,占 54.9%,高焦虑水平组 31 人,占总人数的 21.8%。为了明确不同焦虑水平组之间口试交际策略使用差异情况,运用方差分析的方法对三组学生的口试交际策略值进行了两两式的多重比较,发现各组在语码转换等四种交际策略上存在统计意义上的显著差异,在其余 12 种交际策略上不存在显著差异,具体见表 8-2。

表 8-2　各口试焦虑水平组间的口试交际策略多重比较结果

交际策略	焦虑分组	焦虑分组	均值差	标准误	显著性	95% 置信区间 下限	95% 置信区间 上限
语码转换	低水平组	中水平组	.11422	.21927	.603	—.3193	.5478
		高水平组	—.59629*	.26410	.026	—1.1185	—.0741
	中水平组	低水平组	—.11422	.21927	.603	—.5478	.3193
		高水平组	—.71050*	.22418	.002	—1.1538	—.2673
	高水平组	低水平组	.59629*	.26410	.026	.0741	1.1185
		中水平组	.71050*	.22418	.002	.2673	1.1538

（续表）

交际策略	焦虑分组	焦虑分组	均值差	标准误	显著性	95% 置信区间	
						下限	上限
猜测	低水平组	中水平组	.24009	.16933	.158	−.0947	.5749
		高水平组	.43695*	.20395	.034	.0337	.8402
	中水平组	低水平组	−.24009	.16933	.158	−.5749	.0947
		高水平组	.19686	.17313	.257	−.1454	.5392
	高水平组	低水平组	−.43695*	.20395	.034	−.8402	−.0337
		中水平组	−.19686	.17313	.257	−.5392	.1454
预制模式	低水平组	中水平组	−.51515*	.20811	.015	−.9266	−.1037
		高水平组	−.90225*	.25066	.000	−1.3978	−.4067
	中水平组	低水平组	.51515*	.20811	.015	.1037	.9266
		高水平组	−.38710	.21277	.071	−.8078	.0336
	高水平组	低水平组	.90225*	.25066	.000	.4067	1.3978
		中水平组	.38710	.21277	.071	−.0336	.8078
功能缩减	低水平组	中水平组	−.13675	.11303	.228	−.3602	.0867
		高水平组	−.28315*	.13614	.039	−.5523	−.0140
	中水平组	低水平组	.13675	.11303	.228	−.0867	.3602
		高水平组	−.14640	.11556	.207	−.3749	.0821
	高水平组	低水平组	.28315*	.13614	.039	.0140	.5523
		中水平组	.14640	.11556	.207	−.0821	.3749

* P＜.05，＊＊ P＜.01

　　表 8-2 表明，口试焦虑低水平组和中水平组都与高水平组在使用语码转换方面存在显著差异。相对而言，口试焦虑高水平组更多地使用语码转换策略；口试焦虑低水平组比高水平组较频繁地使用猜测策略；口试焦虑高水平组和中水平组都比低水平组更多地使用预制模式策略；口试焦虑高水平组比低水平组更频繁地使用功能缩减策略。

8.3.3　口试焦虑和交际策略的相关性

为了考察口试焦虑和口试交际策略的相关性,我们对数据做了相关分析,结果见表 8-3。表 8-3 表明,研究对象的口试焦虑与语码转换(r=.232，P<0.01)和预制模式(r=.266，P<0.01)达到了统计意义上的非常显著正相关,说明他们越焦虑,就越频繁使用这些策略。从表 8-3 还可以看出,口试焦虑与猜测策略(r=-.252，P<0.01)存在统计意义上的非常显著负相关,说明这些学生越焦虑,就越少使用猜测策略。

表 8-3　口试焦虑和各口试交际策略的相关分析结果

	描写	手势语	直译	重复	语码转换	替代	造词	重组
相关系数	−.108	.036	.136	.125	.232**	.036	.022	.009
显著性	.199	.672	.107	.142	.005	.669	.798	.912
	猜测	模仿	举例	概括	预制模式	拖延策略	形式缩减	功能缩减
相关系数	−.252**	−.047	−.161	−.105	.266**	.027	.061	.144
显著性	.003	.580	.056	.221	.001	.747	.470	.088
* P<.05，* * P<.01								

8.4　讨论

从以上结果不难看出,在英语专业四级口试时,英语专业学生整体上受到考试焦虑的较大困扰。究其原因,除了学生的英语水平、性格和口试的情景压力等因素外,学生的观念也是不能忽略的。通过访谈了解到,英语专业学生对专业四级口试非常重视,普遍希望能够顺利通过。他们认为,作为英语专业的学生,没有通过四级口试是很难为情的事;不通过四级口语考试可能对他们以后的就业或升学有很大的消极影响。因此,他们对英语专业四级口试有过多的担心或畏惧,形成了较大的焦虑。

由于受过渡语水平等因素制约,二语学习者在一般的二语交际过程中都会遇到各种交际困难,在情景压力较大的口试过程中更是如此。在访谈中得知,学生在口试过程中遇到困难时,为了保证口语表达的连续性,他们往往采用对所要表达内容进行功能和结构上的取舍、重新组合或根据语境猜测等方法。他们认为,使用直译和语码转换等基于母语的策略是口语不好的表现,会影响最终成绩;由于是录音考试,使用模仿策略评卷老师可能感受不到,在有限的时间内也很难设计如何模仿。所以,学生在口语考试时较多使用功能缩减、重组和猜测策略,较少使用直译、模仿和语码转换等策略。

考试焦虑较高的学生往往在各种学术技能上有缺陷,这些缺陷直接影响考试行为和考试成绩(陈慧麟,2010)。为了完成考试,口试焦虑高水平组学生往往会更倾向在考试前使用背诵一些套语、表达方式或范文等预制模式策略;在口试过程中,由于受到自身过渡语资源有限和考试焦虑等因素的影响,很难灵活、有效地应对各种困难或问题,又不甘于中途放弃,所以较多地使用基于母语的语码转换策略和以改变交际目的或放弃某些表达信息为代价的功能缩减策略。另一方面,低焦虑水平组的学生在口试过程中往往比较从容和镇定,比较擅长捕捉各种有利信息为其所用,比如利用语境等因素对相关内容进行猜测等。

本研究表明,绝大部分学生受到口试焦虑的较大困扰,其口试焦虑只和语码转换和预制模式存在统计意义上的正相关,而语码转换是基于母语的策略,过多的使用会对英语交际产生消极影响。他们的口试焦虑与猜测策略非常显著负相关,与其他策略不存在统计意义上的相关,说明英语专业学生在一定程度上不善于用交际策略等考试策略化解或降低口试焦虑的消极影响,这也从侧面折射出中国英语教学重知识传授轻技能培养的现实。

8.5 结束语

言语焦虑可能是中国大学生学习英语时碰到的最大的心理障碍(王才康,2001),缺少必要的交际策略和对使用英语进行交际的畏惧是他们感到焦虑的主要原因(邵新光等,2008)。所以,英语教师在教学过程中,在通过各种途径向学生传授英语语言文化知识,提高他们英语水平的同时,更要注重对其语言技能的培养,不能忽视对其英语学习焦虑等情感因素的关注和疏导。例如,培养学生运用交际策略的能力,就能增强其驾驭语言的自信心,克服自卑心理以及由此而导致的紧张和焦虑,达到开口说英语,练英语,提高口语能力的目的(高海虹,1993)。这不仅可以帮助学生在口试过程中较好地克服口试焦虑的消极影响,充分发挥自己真实水平,同时对于提高口语测试的效度也具有重要意义。

第九章　交际策略视角下的口译教学研究

根据过渡语理论,口译人员使用的外语中含有过渡语的成分,而且口译是从一语言到另一语言即时的双向交际活动,受多种因素影响。为了顺利完成口译任务,实现交际目的,口译人员必然运用一定的口译策略。本章以二语习得重要理论,过渡语理论为切入点,探讨交际策略对口译实践的借鉴作用和对口译研究和教学的启示。无论口译实践还是口译研究,都应借鉴其他学科的研究成果,但这种借鉴应该是创新、提高,而不是机械地照抄照搬,只有这样,口译实践和研究才能得到长足、高效的发展。

9.1　引言

著名语言学家 Larry Selinker 于 1969 年在国际会议上首次提出了过渡语(interlanguage)这个概念,后来(1972)又发表了题为"Interlanguage"的论文,对过渡语进行了系统的阐述,确立了它在第二语言习得研究中的重要地位。过渡语指的是外语学习或二语习得过程中,学习者使用的介于母语和目的语之间的语言体系。它既具备学习者母语的特征,也带有他所学习的目的语的特点,并逐渐向目的语靠近。根据过渡语理论,二语学习者可能有 95% 的人不能最终达到目的语的水平,即绝大多数二语学习者的过渡语不能达到其连续体的终点。

研究表明,成年外语学习者无论采取什么学习方法,其外语交际能力始终只能达到与外语本族者相似的程度,其语音、词汇、句法和惯用法等总在某方面与本族语的特征有差异(束定芳等,1998:93)。在各类对外交往中,包括口译译员在内的所有使用外语的人员,都是或曾经是相应外语的学习者,因此他们的外语中必然或多或少含有过渡语的成分。我国翻译工作者及英语教师大多数是在国内学习的英语,由于受文化环境的约束,无论怎样努力,他们的英语也只能达到一个过渡语的水平(汤富华,2000)。另外,口译是从一种语言到另一种语言的双向交际活动,除了译员自身的语言功底外,还受心理、外部环境和相关领域知识等多种因素的影响,为了顺利完成交际任务,译员势必使用一定的策略或技巧。

国外早有学者(Al-Khanji 等,2000)认识到交际策略在口译等其他形式交际中也同样发挥着重要作用,并相应地进行了一定的研究。在国内,学者们(陈菁,2002;仲伟合,2003)曾提出口译应对策略是译员口译交际能力的重要组成部分。但专门针对口译交际策略的研究成果在近几年才开始出现,如蔡小红(2007)根据二语习得交际策略研究相关成果,提出"交际策略作为译员翻译能力的重要体现,用以实现具体的交际目标,完成特定的交际任务",并笼统地列举了 20 种现场口译交际策略,但未对口译交际策略的分类做具体论述;刘建军(2009)研究了同声传译中交际策略的使用及其与口译成绩的关系;郭继东等(2009)探讨了交际策略在口译中的作用;蒋凤霞、吴湛(2011)认为,口译活动具有典型的交际特点,需要运用一定的交际策略。应该指出的是,上述口译交际策略研究成果对于推动跨学科口译研究具有一定的积极意义,但它们普遍存在一个不足,即把口译交际策略与一般性的二语口头交际策略等同起来,没有从口译自身的特点出发,对口译策略类别进行划分。本章将以过渡语为切入点,探讨过渡语交际策略在口译过程中的应用,希望给口译实践和研究人员一些借鉴和启示。

9.2　交际策略的定义和分类

交际策略(communication strategy)这个概念也是由 Selinker (1972)在"Interlanguage"一文中首次提出的,他认为交际策略是过渡语形成的重要因素之一,但是没有对交际策略的内涵和外延做出明确的界定。后来,学者们从不同的角度对交际策略进行了定义和划分。在交际策略的分类问题上,学者们的分歧比较大,国内学者(王立非,2000;束定芳等,1998;刘乃美,2007)做了比较全面的总结。在系统研究国内外学者相关成果后,我们认为,Tarone(1977,1980)

提出的社会交互交际策略以及 Faerch 等(1984)提出的心理交际策略比较具有代表性。Tarone(1980)从交互的角度,认为交际策略是弥补交际中二语学习者语言能力不足的一种手段,交际策略是当会话者在没有表达意义所需的语言结构时,试图就意义相互达成的协议。Tarone(1977)提出以下几种交际策略:回避、转述、转换、求助和模仿,后来(1980)又调整为:转述、借用、求助、手势语和回避。Tarone 的分类为后来的研究提供了较系统的框架,许多分类都是建立在此模式上(刘乃美,2007)。Faerch 和 Kasper(1984)从心理语言学的角度,指出交际策略是潜藏在具体语言行为中的心理现象,是个人在完成特定交际目的中,遇到无法解决的困难时采用的潜意识计划。他们认为学习者的语言输出过程包括计划阶段和实施阶段。计划阶段由交际目标、计划过程、计划本身构成;实施阶段由计划、实施过程和语言产出构成。交际策略产生在计划阶段,具体地说,产生在计划过程和计划本身之间。当学习者无法实现原始计划时,即交际中遇到困难时会有两个选择,一是采取缩减策略,包括形式缩减和功能缩减,借此调整原始目标;二是采取成就策略设法加以解决,包括补偿策略和检索策略。补偿策略又分为合作策略和非合作策略。合作策略包括直接求助和间接求助两种形式。非合作策略包括语码转换、转述、直译、替换、造词、重组及非语言交际策略等。

9.3 过渡语交际策略对口译实践的借鉴作用

口译是一种通过听取和解析原语所表达的信息,随即将其转译为目标语的语言符号,进而达到传递信息目的的言语交际活动(梅德明,1996)。但口译不是单纯意义上的言语行为,而是一种涉及诸多知识层面的跨文化交际行为(钟述孔,1999),所以口译人员在口译过程中势必采取各种相应的策略或技巧,确保口译任务的顺利完成。仲伟合(2003)认为,口译应对策略是指译员在理解阶段遇到理解困难时,适度使用省略、询问、推理等手段;在传达阶段遇到困难时,通过使用信息重组、鹦鹉学舌、解释等手段完成任务。

我们首先根据口译的特点,结合上述学者对交际策略的研究成果,主要探讨交际策略对口译实践的借鉴作用。

9.3.1　预制模式

预制模式(prefabricated patterns)(Hakuta,1974;1976)指二语学习者事先牢记的模式化的(patterned)短语、表达方式或语句片段(segments)。使用预制模式解决一些交际问题,是比较常见的过渡语交际策略(Tarone,1983)。预制模式也被称为公式语(formulaic language)和预制语块(prefabricated chunks)等,是"过渡语发展的一个有效途径,使用者在交际时可以整体快速地提取使用,可以大大减轻大脑的语言编码压力,极大地提高语言的流利性,帮助学生获得一定的交际策略能力,以保证交际的成功完成"(王立非等,2007)。Widdowson(1989)认为,所谓交际能力实际上就是掌握了一大批部分装配好的结构(半成品)、公式性套语和一套规则,并能够根据不同语境进行必要的调整能力(束定芳等,1998:96)。

在口译过程中,由于随时可用的整体加工能力是有限的,译员如果能够恰当使用预制语块策略,就会大大减轻口译过程中的认知负荷(cognitive loading),提高口译效率。例如,2003年温家宝总理在会见"两会"中外记者时,一个德新社记者借用前总理朱镕基的话提问:"朱镕基开始当总理的时候,他说,不管前面是地雷阵还是万丈深渊,他都将鞠躬尽瘁,死而后已。和他比起来,你觉得你的工作风格会怎么样?"译员当场译为:When Premier Zhu Rongji was elected the premier, he said whatever lay ahead, be it a field of landmines or an unfathomable abyss, he would exert all his efforts and contribute all his best to the country till the last minute of the life. Compared to his working style, what are the features of your style of work? 虽然朱镕基总理的原话并不长,结构也不复杂,翻好却不容易。但译员却翻译得比较轻松得体,因为他不加改动地直接引用了当时朱镕基总理会见中外记者讲话的译文,译文不仅达意,而且在形式上也是对记者提问的回应。可见事先充分的准备对口译工作的重要性。

一般而言,口译人员对一些惯用语、套话、礼节和社会文化常识等方面的表达方式可以作为通用的预制语块,需要时可以随时提取使用;对于经常为其进行口译任务的行业或专业领域的专门知识及双语表达方式应有比较完整的掌握;对于其他专业也应做一般的了解,一旦有相关口译任务,不至于措手不及;如果译员提供口译服务的人员相对比较固定,应留意、揣摩和翻译他们的一些习惯性表达方式,这样真正口译时就会有备无患,得心应手。除了日常的知识积累,译员还应该做好译前主题和术语准备(刘和平,2001:147-148)。针对具体的会议谈判或专题讨论,译员在接到一项新的翻译任务时,应该事先认真准备,在较短的时间内找到相关的资料,了解要讨论的专题和词汇以及谈话双方的立场,并向有关专家和对这一专题熟悉的人请教,力求尽快抓住本专题的基本概念、本会谈的热点问题和双方的立场态度等等。充分的准备可以使译员在口译中掌握主动,取得最大的成功(陈明瑶,2004)。

如果使用得当,语块预制策略在一定程度上能够帮译员提高口译交际能力,顺利完成口译任务;但译员应根据不同的口译工作,灵活使用预制语块,不应机械地照抄照搬,而且还应不断对语块进行丰富和更新。

在口译教学过程中,教师应鼓励学生平时加强积累。对于一些惯用语、套话、礼节和社会文化常识等方面的表达方式,要有针对性地掌握;对于相关专业也应做一定的了解。就具体口译课而言,应在课前为学生提供相关信息,比如一些专业词汇或表达方式,或者要求学生课前查找相关资料,了解相关话题和词汇。但给学生提供词汇等信息的次数不宜过多,教师在进行几次示范性的信息提供后,应要求和鼓励学生自己做课前准备工作,以便培养他们进行译前准备的习惯和能力。如果教师一味地为学生提供词汇,很可能导致学生的依赖心理,对培养口译能力不宜。培养合格的口译人才,仅靠课堂教学是远远不够的,学生必须不断地学习和积累,所以培养他们的自主学习、分析问题、解决问题的能力,也是口译教学的重要内容。

9.3.2 转述

转述(paraphrase)就是换一种方式说,使想要表达的意思易于理解。比如,在一次商务谈判中,译员把"我们不会打白条子,我们会按时付款的。"翻译成了"We shall not issue blank paper to you; we will pay you on time.",造成了外方的不解。这句话可以译为"We shall not issue IOUs to you."(冯建中,2007:135)。因为"打白条"是中国人的一种惯用法,即便是译成"blank paper",外方也只能理解成"空白的纸",与原义大相径庭。而把"白条子"转换成"IOU"(欠条),基本能够表达"我方从不拖欠货款"的原义。

转述在一定程度上是一种解释表达,可以帮助译员避免因无法找到对应的译文而卡壳,避免口译不连贯甚至中断。解释是口译的基本策略,尤其那些非自释(self-explanation)的专有名词、缩略词、成语、典故和一些文化词语等全有赖于译员根据需要做出解释,如果不解释,一带而过,肯定会影响效果(刘宓庆,2004:188-190)。口译人员在作口译解释时有一定的酌情权,但不能主观臆断或随意编造,否则会造成误译。

口译教学中,可以通过一句多译练习增强学生的转述能力。如:机票降价势在必行。可以根据不同需要翻译成:It is imperative to have the airline fares reduced. It is inevitable that the prices of the airline tickets should be lowered. Inevitably, they have to lower the prices of the airline tickets. It is necessary that they should reduce the airline fares. 总之,一句多译的本领越大,译员工作时的应变能力越强。(王永秋,2001)

9.3.3 重组

双语转换是概念按照范畴的重组和重构(刘宓庆,2004:208)。口译中的重组(restructuring)是指抓住原语中的信息点,根据目的语的思维方式和表达习惯重新组织安排信息,译出原语真正要体现的内容和情感(李欣,2005:2)。各国语言间虽然有不少共性元素,但其间差别也很多,口译时很难做到形式上的对等。比如中国与英语国家地理位置不同,社会文化差异很大,人们的思维方式差别显著,语言习惯更是彼此不同。所以在口译时,译员可以根据交际的需要,在基本不损失原语信息的基础上,本着功能相似的前提,尽可能靠近原语所承载的信息内核,充分考虑目的语听众的语言、文化、风俗习惯,采用合理的方法对原文的结构和内容进行调整,达到甚至超过原语的信息传递功能。例如,Vast resources of gas① exit② off Natuna Island in Indonesia③, in Papua New Guinea④, and along the northwest Shelf of Australia⑤, to name a few⑥. 举几个例子⑥,印度尼西亚的纳土纳岛沿海③、巴布亚新几内亚④以及沿澳大利亚西北大陆架⑤,蕴藏着②巨大的天然气资源①(盖兆泉等,2004:84-85)(序号为作者所加)。该译文采用了重组法,原语顺序和结构做了调整:原文位于句首的主语在译文中被移到句末作宾语;原文非及物的谓语动词在译文中被转换成及物性的谓语动词,而且位置被后移;原文中的状语在译文中担当了主语,而且其中的介词也被不同程度地进行了调整。不难看出,重组后的译文主次分明,脉络清晰,非常符合中国人语言习惯。

再如,在美丽的金秋时节①,我很高兴②能在既古老神秘又充满现代活力的古都西安④,迎来⑤参加"2001 中国西部论坛"的各位嘉宾⑦。对应的参考译文是:In this golden fall①, I am very happy② to welcome⑤ the distinguished guests⑦ to China West 2001⑥ in the ancient capital Xi'an④, an age-old and mysterious city full of dynamism of the modern era③(李欣,2005:2)。不难看出,重组后的译文主次分明,脉络清晰,比较符合英语国家的语言习惯。

另外,由于地域不同、历史不同、文化背景不同、审美角度不同,汉语中充斥着一些在英语中很少出现的套话和一些特有的冗长信息。这些信息中国听众比较容易接受,但译成英文,不但原有功能尽失,还会令英语受众迷惑不解,所以在口译时,应该酌情删减,把翻译以后达不到交际的、失去原有功能的语句和修辞手法删去。这样可以缩小口译工作量,减少译员和交际各方时间和精力的支出,突出重用信息,加强受众的印象,提高交际效率。

所以,在口译教学过程中,教师可以进行适当的中外语言结构对比,帮助学生正确认识两种语言的异同,以便学生在具体口译时,灵活使用顺译法和重组法,尽量使译文符合译入语国家的语言习惯,避免因一味地坚持顺译而造成译文支离破碎、本末倒置的现象。

9.3.4　回避

　　在二语习得理论框架内,回避(avoidance)指的是学习者消极地处置学习过程中的一些难点,主动放弃某些规则、词汇或表达方式的使用,还包括对某一话题的回避和对表达某一信息的放弃等,总体上是一种消极被动的选择。这里我们借用回避这个概念,并非鼓励译员在遇到口译困难时,消极地回避、放弃交际信息的传递,而是建议他们对容易引起误会或不良后果的、背离交际目标的信息进行剔除。例如,有一次世界野生动物基金会主席到中国大熊猫故乡卧龙地区考察,当地领导盛情邀请他在考察大熊猫的同时,也看看那里美丽的森林大山。主席却说:"Well, I go there just to see pandas; I just don't like bloody mountains."直译过去就是"这个嘛,我只是去看熊猫,才不喜欢看什么鬼山。" bloody 在功能上与 damned 类似,是生气时发泄或表示极其厌烦用语,一般可翻译成"该死的"或"讨厌的"。当地领导出于友善才提出的邀请,客人说出此话极其失礼,极其不得体。如果直译过去,肯定会导致不愉快,消极地影响双方的下一步交流,所以翻译的时候,译员应采用回避策略,把原话翻成"我这次来主要是想看看熊猫,大山恐怕就没时间看了。"(张建威等,2004:27)

　　口语交际受语境等多种因素影响,中外双方在交流过程中可能会使用一些不规范或不得体的语言,如一些口头禅、粗话甚至一些禁忌语言等,如果译员一味地追求"忠实原语"的原则,简单地直译,尽管能够"忠实"、"准确"地传达某些信息,但效果未必好,轻则使场面尴尬,重则使双方发生争执,甚至造成话不投机半句多、不欢而散的局面。这是一种不负责任的表现。具有良好职业道德和高度责任感的译员,在不违反原则的前提下,能够忠实于双方的合作,顾全大局,在可能出现尴尬甚至糟糕的局面时,能以其机智灵活方式避免或改善现场局面,使双方的合作顺利进行,从而使可能激化的矛盾被悄悄地消除在萌芽状态中(尹耀德,2002)。

　　回避策略在口译实践中具有一定的积极意义,但应慎重使用,应以不损失甚至有益交际功能为前提。在口译过程中,由于译员语言能力或专业知识所限等原因,遇到翻译困难在所难免,此时译员应该积极地面对,通过采用求助等策略有效地解决问题,而不应该避重就轻地采取回避策略,否则可能造成漏译或误译,甚至导致严重的后果。

9.3.5 求助策略

顾名思义,求助(asking for help)是指向外界寻求帮助。由于多种因素制约,译员在口译时遇到困难在所难免。在这种情况下,译员可以通过不同方式寻求帮助。比如,在一次会谈中,中方主讲人说道:"在这次会议上,我们是否先务虚、再务实、虚实结合。"这句"虚实结合",译员很难一下子理解,但他并没有避实就虚,蒙混过关,而是低声问道:"对不起,您说的'务虚'指的是?"主讲人解释说:"'虚'就是原则、设想,'实'就是实质性的合作。"于是译员翻译为:"At the current meeting, I wonder if we start with dealing with principles and ideas followed by matters about our substantive cooperation?"(冯建中,2007:195)该译文虽算不上完美无缺,但基本表达了主讲人的本意,为双方的进一步交流奠定了基础。

再如,在一次外交部的记者招待会上,一名澳大利亚记者问到中国在台湾海峡进行导弹实验的问题,但译员起初没有听懂提问,于是问道:"I beg your pardon?"那位记者回答:"The missile tests of Taiwan, which has an obvious effect on port activities."为了进一步确认记者的意思,译员再次问道:"What activities?"那位记者回答:"Ports, the seaports."于是译员领会了记者的意思,译为:"中国在台湾海峡,进行了导弹实验,很显然会影响他们的港口作业。"(王大伟,2000)在这个例子中,译员在没听懂说话的情况下,并未主观臆断,而是通过向说话人求助,准确地了解并传递了说话人的真正意图。

除了求助发言人以外,还可以求助现场听众弄懂信息,或咨询听众,或让听众向发言人提问或要求重复信息;在同声传译时,可以请求同事帮忙,或在同传包厢里查阅事先准备好的资料(蔡小红:2007:60)。如果是相关专业的现场口译,可以求助于现场的中外专业人员。当然,这种方法不宜使用过于频繁,以免造成听众对译者的不信任。

求助是一种合作策略,可以帮助译员解决口译困难,完成口译交际任务。在口译教学中,首先要培养学生实事求是的作风,坚决避免主观臆断和蒙骗过关的风气和心理;其次,应鼓励学生学会与人合作,培养良好的团队意识,以积极的态度和方式面对和解决口译学习和实践中的困难。

9.4　过渡语交际策略对口译研究和教学的启示

交际策略是二语习得研究的重要概念,对于口译研究、实践和教学有重要的借鉴和指导价值。但决不能把一般意义上的交际策略与口译交际策略完全等同起来,尽管两者在大的范畴内有很多共性的地方,而且具体名称也可能相同。

一般的二语交际只涉及交际的双方,使用单一的语言,单位信息传递和接受是编码—解码的单向过程;口译也是一种交际行为,但其至少涉及交际三方和两种语言,单位信息的传递和接受是编码—解码—再编码—再解码的过程。另外,虽然口译也是一种跨文化交际,大部分译员使用的外语是一种过渡语,但译员口译交际策略的运用不仅仅是为了弥补其过渡语能力的不足而采取的一种被动的行为,译员往往也会出于对整体口译效果或其他原因的考虑而主动采取相应策略。比如在处理一些敏感或不宜明言的问题或话题时,译员可以采取回避策略,但这种回避绝不是无能为力的放弃,相反是一种积极解决问题的对策。

在二语习得过程中,成功地使用交际策略可能抑制语言的习得(Ellis,1990:187),因为学习者可以通过灵活地使用交际策略来弥补目的语知识的不足,从而认为没有必要对新的目的语知识形成假设和验证,造成语言学习进步缓慢,甚至出现停滞不前的僵化局面。但不能完全排斥交际策略教学在外语教学中的作用,交际策略教学的重点应该放在交际策略的普遍规律和语境上(王立非,2000)。因此,策略训练的目标不在于掌握策略的本身,而在于提高学习者的策略意识,增加他们的策略的选择范围,锻炼和培养他们自我监控和自我调控的能力。比较理想的做法是,将策略培训与外语教学融为一体,教师结合外语学习的内容演示策略,学生在完成学习任务的同时使用策略(文秋芳,2000:F23)。

具体到口译,交际策略的使用可以增强译员对不同交际情景的应变能力,保证交际的持续进行和交际渠道的畅通,但这种策略只能是作为应变之用。在教学过程中,进行一定的口译交际策略培训是必要的,但决不能本末倒置,过分强调交际策略的作用,对交际策略产生依赖心理,而忽略基本语言技能和相关专业知识的积累。扎实的原语和目的语言功底以及广博的相关知识才是成功口译的核心保障。另外,交际策略的有效运用主要依赖体系化的职业技能技巧的掌握;作为一种心理计划,交际策略的运用既受认知机制的限制,亦受心理因素的制约;口译交际策略基于母语和外语的双语基础,必须受到跨文化背景的制约;口译交际策略还受到交际现场时间、空间、异语交流双方等因素制约(蔡小红,2007:58)。

口译活动与笔译活动相比历史远为悠久,但是我国对于口译的研究一直远远落后于对笔译的研究。口译的研究应该是20世纪90年代才真正开始,1996年前发表的涉及口译的论文不足50篇(黎难秋,2002),而且绝大多数都是谈口译的经验,真正口译研究成果寥寥无几(刘和平,2005)。但随后的十余年以来,我国口译研究势头比较喜人,海峡两岸学者(刘和平,2001,2005;鲍刚,1998,2005;蔡小红,2002,2007;刘宓庆,2004;杨承淑,2005)纷纷著书立说,将口译研究推进到一个新的理论研究层面。但从目前的成果看,口译研究涉及面相对狭窄,对其他学科的借鉴相对不足,所以跨学科拓展口译研究十分必要。同时,我们也必须清楚,口译理论研究属于边缘学科,不可避免地需要借用其他学科已有成果,但这并不等于将其他学科的成果简单地拼凑在一起(鲍刚,2005:16)。相关学科研究成果对口译的研究带来启示,但不能直接借用,如果借鉴,必须按口译特点作适当的修改或连接处理(蔡小红,2001)。

9.5 口译交际策略分类

笔者(郭继东,2012)根据交际策略和口译相关研究成果,主要包括蔡小红(2007)、Nakatani(2006)、Faerch等(1984)和郭继东等

(2009),并结合口译课堂教学观察和访谈中获得的信息,初步把常用的口译交际策略分为六类:

1. 主旨信息获取策略(gist-obtaining strategies)

主旨信息获取策略是指译员为确保获取发言人讲话的主要内容、明确发言人的意图而使用的策略,主要包括口译时集中精力迅速听出原语的意义单位,抓住内容要点;不受原语语言形式的局限;当讲话的人信息发布太密集情况下,有意放弃次要信息;为了保证获取大部分有逻辑的信息,有意放弃没有把握或没有抓住的信息;依靠语境对发言人的意图或发言主旨进行推测。

2. 主旨信息表达策略(gist-delivering strategies)

主旨信息表达策略是指为传递发言人的主要意图,表达发言的主旨信息而采取的策略,包括对发言的话语信息进行释译;对原语进行简述、概括、归纳、增补、省略、替换或直译;对于因语言或文化差异而产生的隐喻或隐含信息进行明示;以笼统或概述性的概念表达具体的意思。

3. 求助策略(asking for help)

顾名思义,求助(asking for help)是指向外界寻求帮助。由于多种因素制约,译员在口译时遇到困难在所难免。在这种情况下,译员可以通过不同方式寻求帮助。主要包括求助发言人或现场听众,以便确认或弄懂信息;向同事咨询或请同事帮忙记录;迅速查阅相关资料或词典。

4. 使用预制模式策略(using prefabricated patterns)

预制模式(prefabricated patterns)(Hakuta,1974)指二语学习者事先牢记的模式化的(patterned)短语、表达方式或语句片段(segments)。预制模式也被称为公式语(formulaic language)和预制语块(prefabricated chunks)等,是"中介语发展的一个有效途径,使用者在交际时可以整体快速地提取使用,可以大大减轻大脑的语言编码压力,极大地提高语言的流利性,帮助学生获得一定的交际策略能力,以保证交际的成功完成"(王立非等,2007)。在口译过程中,由于随时可用的整体加工能力是有限的,译员如果能够恰当使用预制语块策略,就会大大减轻口译过程中的认知负荷,提高口译效率。

使用预制模式策略的做法主要包括预先掌握一些惯用语、套话、礼节和社会文化常识等方面的表达方式;对于经常为其进行口译服务的行业或专业领域的专门知识及双语表达方式应有比较完整的掌握;接到新的口译任务时,应该事先有针对性做好语言和专业知识的准备。

5. 结构重组策略(restructuring)

双语转换是概念按照范畴的重组和重构(刘宓庆,2004:208)。口译中的重组是指抓住原语中的信息点,根据目的语的思维方式和表达习惯重新组织安排信息,译出原语真正要体现的内容和情感(李欣,2005:2)。结构重组策略主要有不按照发言人的信息顺序,重新调换或重组信息顺序进行表达;根据译入语的特点和相关文化重新组织和安排语言结构。

6. 记忆与检索策略(memorizing and retrieving)

记忆和检索策略是指为了避免忘记或漏译发言人的讲话内容,或者为了弥补错过或忘记的词语或信息而使用的策略,主要包括使用口译笔记;为了保证和提高记忆效率,忘却一些已经翻译的内容;对于暂时出现的理解或表达的困难,先以某种方式填补信息空档,以便借助语境等因素重新获取错过的信息;通过追溯以前的学习或交际经历来回忆某个词语;借助中文或学过的第二外语的意思回忆某个词语;借助词义相关或词形相近的词语回忆某个词语。

9.6　结束语

口译交际策略的研究实际是对解决口译困难、提高口译效率对策的研究。"口译较难,我们要解难;口译的掣肘很多,我们要解掣。解难、解掣之道,就叫做对策论(strategy)。令人遗憾的是,从总的倾向看,对策的研究很薄弱。这是我们过去的一大缺陷,这个缺陷在理论研究和教学研究都存在。我们的工作成效和教学效果不能令人满意,与长期存在的对策研究'缺环'有很多联系。为此,我们应该在新世纪中弥补这一缺陷,做到使我们的理论研究和教学更加符合人类认识事物、进行有目的的活动规律和秩序,做到比较符合我们的工作和事业在新形势发展的需要。"(刘宓庆,2004:186-188)

跨学科研究必将成为将来口译研究的主导方向之一(刘和平,2001),但是目前中国口译研究更多地还是停留在理论论证与经验分析的层次上,真正实际展开的跨学科性研究,特别是有客观实证数据支持的实证研究并不多见(张威,2011)。

本章以二语习得研究中的过渡语理论为切入点,探讨了交际策略对于口译实践、理论研究和教学的借鉴性作用,希望本章能够抛砖引玉,给口译实践、研究和教学人士提供一些启示,进一步从交互和心理等多角度对口译进行研究,推动口译实践和理论研究的全面、高效、蓬勃发展。

第十章 歧义容忍度、学习策略与英语成绩的关系

歧义容忍度是影响外语学习的重要情感因素之一,受到越来越多的关注。本章以 207 名非英语专业大学生为被试,采用问卷调查的方式,调查了大学生英语学习歧义容忍度分类及其与学习策略和英语成绩的关系。研究发现,大学生英语学习歧义容忍度可以分为输入歧义容忍度和输出容忍度,其中输入歧义容忍度明显高于输出歧义容忍度;输入容忍度与直接策略和英语成绩显著相关;输出容忍度与间接策略接近显著负相关,与直接策略和学习成绩不存在统计意义上的显著相关;学习成绩高分组在输入容忍度、直接策略和间接策略使用频率方面明显高于低分组。

10.1 引言

歧义容忍度(ambiguity tolerance),也称模糊容忍度或含混容忍度,是指个体或群体在面对一系列不熟悉的、复杂的或不一致的线索时,对歧义的情景或刺激信息进行知觉和加工的方式(Furnham,1994;Furnham 等,1995)。具体到外语学习,歧义容忍度是指学习者在认知上对有悖于自己观念和知识结构的思想和主张的忍受程度(Brown,2002:111),是学习者在学习过程中遇到不确定的语言现象时心理上的容忍程度(常海潮,2012)。

歧义意味着对特定的刺激或情景信息知觉不充分(McLain,1993)。外语学习本身具有四种歧义情景的特征:①外语的语法、词汇、语音以及文化背景与本族语差别很大,没有足够的线索帮助理解新内容,这时学习者就处于陌生情景中;②当这些内容错综复杂,线索太多,便形成了复杂情景;③有时线索相互矛盾,例外很多,不易整理分类并发现规律,这样难以解决的情景就出现了;④当学习者无法理解线索,因而不能正确地解决问题,就处于结构混乱情景中

（王初明,1996:129;周英,2000）。

10.2 文献回顾

早在 20 世纪 20 年代心理学界就有研究涉及的相关概念,但完全意义上的歧义容忍度研究始于 20 世纪 40 年代末心理学界对歧义不容忍（intolerance of ambiguity）的研究。Frenkel-Brunswik（1949）认为歧义不容忍是寻求黑白分明的解决方法,急于得出结论并拒绝不明确、不一致观点的倾向。Budner（1962）把模糊不容忍定义为把模糊情景视为威胁来源的倾向,而模糊容忍是趋于对模糊情景的接受。Budner（1962）认为,歧义情景是由于缺乏足够的线索,个体不能对其进行恰当的分类;歧义情景分为三类:没有熟悉线索的全新情景,要考虑很多线索的复杂情景,各构成元素或线索迥异的矛盾的或无法解决的情景。在这些情景下,个体如果对歧义不能容忍,会有以下某种反应:①从表象上否认,表现为抑制和否定;②从表象上屈服,表现为焦虑和不安;③从行动上否认,表现为破坏性的或重构性的行为;④从行为上屈服,表现为回避行为（Budner,1962）

20 世纪 80 年代前后,国外二语习得界开始重视二语学习者的歧义容忍度,但多数研究成果在 20 世纪 80 年代中后期才开始陆续出现。根据 Birckbichler 等（1978）,低歧义容忍度是导致二语学习者学习困难的因素之一,学习者可能在不同的语言技能上有高低不同的歧义容忍度。Reiss（1985）在研究善学二语者（good learners）特征时发现,善学者的歧义容忍度较高,歧义容忍度与学习者的自我评价正相关。Chapelle 等（1986 ）采用系列测试的方法对美国一所大学学习英语的外国留学生的英语水平和歧义容忍度的关系进行了调查并发现,在学期之初,被试的歧义容忍度与测试成绩之间不存在相关,但是,在学期末,歧义容忍度与语法结构和听力理解等部分的成绩存在显著的正相关。因此,她们认为,歧义容忍度高的学生在英语语法结构和听力理解学习方面具有明显优势。Ely（1989）采用自编的二语学习歧义容忍度量表,研究了歧义容忍度与学习策略的关系,发现歧义容忍度对依赖母语的学习策略等有显著的负预测力,对相关整体理解等学习策略有显著的正预测力。歧义容忍度低的学习者更多地注意语言细节,歧义容忍度高的学习者侧重整体理解。Ely (1989)的研究同时表明,开发测量特定情形下的二语学习歧义容忍度工具是可行的。Kazamia (1999) 的研究发现,与阅读歧义容忍度相比,希腊成人英语学习者的写作和口语歧义容忍度较低。Kamran (2011)研究发现,伊朗英语学习者的阅读歧义容忍度最高,写作容忍度最低;男女学习者英语学习歧义容忍度无显著差异。

我国外语教学界歧义容忍度研究起步较晚,直接相关研究成果在 21 世纪初期才陆续出现。周英(2000)通过实验,评估歧义容忍度在听力学习中的意义和重要性,发现歧义容忍度对听力理解综合能力以及听后做题、推测和听大意这三项分技能具有显著影响。张庆宗(2004)调查了大学生歧义容忍度对外语学习策略选择的影响,发现高歧义容忍度学生面对不同的学习内容时,能够有选择地运用学习策略,而低歧义容忍度学生在外语学习过程中,所使用的各项策略之间均存在显著的正相关关系。陈文存(2004)调查了英语专业学生专业四级考试中各个题项的成绩及总成绩与模糊容忍度之间的相关性,结果表明学生的模糊容忍度基本上呈正态分布,学生的听力成绩和总成绩与模糊容忍度存在实质性相关,差异均达显著水平,学生的听写、完型填空和阅读成绩与模糊容忍度有微弱相关,差异亦达显著水平,学生的写作和语法词汇成绩与模糊容忍度无相关性。曾瑜薇等(2005)研究了因特网真实语言环境下学习者面临的模糊语境,发现网络上动态的真实语言学习环境为英语学习者构建了一个从模糊到确定逐步递进的语境和一个从事多种真实智力活动的场所,从而为学习者提高"模糊容忍度"和重塑学习英语方法及策略提供了一个理想的空间。殷燕(2005)研究表明学生歧义容忍度的高低与他们英语水平高低基本上成正比。张素敏(2011)以 156 名英语专业二年级学生为被试,研究了外语歧义容忍度与不同外语学习任务间的关系,发现中、高歧义容忍度学生的总体学习成效、听写和阅读部分成效显著优于低歧义容忍度学生,中歧义容忍度学生的写作部分成效显著优于低歧义容忍度学生,中、高、低歧义容忍度学生的听力、完型填空和语法与词汇部分,不存在显著差异。该研究结论是,歧义容忍度对外语学习总体成效有显著影响作用,并且其影响作用因目的语习得不同任务类型而存在差异。常海潮(2012)以 502 名非英语专业大学生为受试对象,通过问卷调查的方式探讨学习策略在歧义容忍度和英语水平之间的中介效应。研究结果表明:歧义容忍度与英语水平显著相关,前者对后者具有较强的预测作用;歧义容忍度对学习策略具有预测作用;元认知策略、认知策略在歧义容忍度和英语水平之间具有部分中介效应,歧义容忍度通过这两种学习策略间接影响英语水平。

总体而言,国内、外歧义容忍度研究相对薄弱,国内二语习得领域对歧义容忍度这一重要认知、心理情感因素的关注尚需加强(张素敏,2012)。

10.3　研究设计

10.3.1　研究问题

本研究主要探讨以下问题:①大学生英语学习歧义容忍度的具体类别有哪些? ②英语学习歧义容忍度、学习策略与学习成绩间如何相关? ③英语高、低分组间的在各类歧义容忍度以及学习策略方面是否存在显著差异?

10.3.2　研究对象

参与本研究调查的是浙江省某高校非英语专业 2011 级 207 名本科学生,平均年龄 19.5 周岁,其中男生 113 人(54.6%)、女生 94 人(45.4%)。他们所学专业包括会计、管理、国贸、通信、计算机和生物工程等八个。

10.3.3　研究工具

研究工具有两个,第一个是英语学习歧义容忍度和学习策略调查问卷。问卷主要由歧义容忍度量表和学习策略两个量表组成。本研究采用 Ely(2002)的二语歧义容忍度量表。该量表包含 12 个反向设计题项,已经被广泛地认可和使用,具有良好的效度和信度(张庆宗,2004;常海潮,2012)。本研究采用 Oxford (1990)"语言学习策略量表"(Strategy Inventory for Language Learning)。该量表包含 50 个题项,分属于直接策略和间接策略两个分量表。因其设计思路清晰、操作性强,该问卷被学习策略研究者广泛采用。

为保证被调查的学生比较容易和正确地理解所调查内容,我们把量表翻译成汉语,并请三位英语教师和两名英语专业硕士研究生反复推敲和校对。第二个研究工具是大学英语四级考试(CET4)。所有研究对象参加了2012年上半年的全国大学英语四级考试,他们的四级成绩作为代表其英语学习学习成绩的变量值。

10.3.4 问卷调查的实施和数据的分析

问卷调查由四名大学英语任课教师协助实施。英语教师除在课堂上向学生分发问卷,讲解填写方法和注意事项外,还着重说明本调查数据只用于学术研究,并向他们致以真诚的感谢,请大家认真、客观地填写。问卷收回后,首先对其进行核对和检查,剔除回答不完整和有明显问题的问卷11份,保留有效问卷196份。然后,编号、排序,再用SPSS19.0对数据进行了录入、整理和统计分析。

10.4 结果与讨论

10.4.1 英语学习歧义容忍度量表的效度

本研究使用的两个量表中,学习策略量表 Oxford(1990)包含具体的学习策略分类,而且已被国内外学者多次使用,具有良好的效度,本研究不再对其进行效度检验。尽管歧义容忍度量表 Ely(2002)也被广泛使用,但对歧义容忍度分类的研究成果鲜见。鉴于此,我们首先用 SPSS19.0 对歧义容忍度量表进行结构效度检验,判定测量工具是否适用于因子分析。本次 KMO 和 Bartlett 的检验(见表 10 - 1)中,KMO 值达到 0.873,Barlett 球体检验值为 0.000,达到非常显著水平,所以该量表适合探索性因子分析。

表 10-1　KMO 和 Bartlett 的检验

KMO 测度		.873
Bartlett 球体检验	卡方	764.833
	自由度	66
	显著性	.000

我们采用主成分法获取初始因子,表 10-2 是歧义容忍度的整体方差解释数据。从表 10-2 可以看出,有两个成分的特征值超过了 1:第一个成分(4.615),第二成分(1.489),所以选择两个因子比较合理,两个因子的累计解释方差达到了 50.864,能较好解释整个量表的方差。

表 10-2　歧义容忍度的整体方差解释

成分	初始特征值		
	合计	方差的 %	累计 %
1	4.615	38.458	38.458
2	1.489	12.406	50.864
3	.840	6.997	57.861
4	.799	6.655	64.515
5	.710	5.915	70.430
6	.690	5.749	76.179
7	.641	5.343	81.523
8	.569	4.743	86.266
9	.494	4.115	90.381
10	.472	3.931	94.312
11	.348	2.900	97.213
12	.334	2.787	100.000

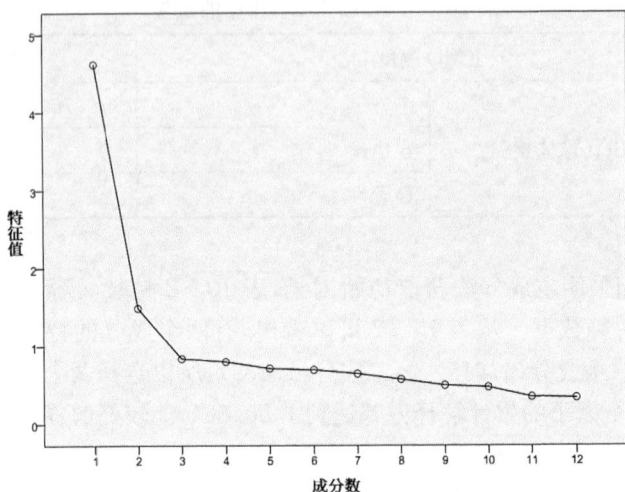

图 10 - 1 公共因子碎石图

从图 10 - 1 也可以看出，特征值大于 1 的分子有两个，从第二个因子以后的曲线变得比较平缓，最后几乎成为一条直线，据此我们最终提取两个因子。表 10 - 3 是探索性因子分析后得到的歧义容忍度因子结构。

表 10 - 3 歧义容忍度因子结构

因子 1:输出容忍度		因子 2:输入容忍度	
题项	负荷	题项	负荷
A10 说英语时,如果不能清楚表达自己的意思,会感觉不舒服。	.792	A2 因为不能完全听懂老师的口语而不安。	.678
A8 写作时,如果不能准确地表达自己意思,会感到不舒服。	.758	A6 不喜欢读需花一些时间才能完全理解的材料。	.662
A5 发音不准时会感觉不舒服。	.709	A12 不喜欢阅读时猜意思。	.654

（续表）

因子 1:输出容忍度		因子 2:输入容忍度	
A11 如找不到恰当英语词汇来表达一些汉语词汇的含义，会不安。	.705	A1 如不能完全理解阅读材料则感到烦躁。	.646
A3 写作时，因为不能确切表达自己的想法而不开心。	.677	A9 老师使用我不知道的英语单词时，感到困扰。	.545
A7 有些语法很难运用到口语和写作中去，对此我感到烦恼。	.575	A4 因为不能完全理解某个语法而沮丧。	.529
A= Ambiguity Tolerance			

从表 10 - 3 中可以看出,两个因子各有 6 个题项,所有题项的因子负荷都大于 0.5。因为第一个因子所包含的题项内容都与口头和书面表达有关,被命名为输出容忍度因子;第二个因子所包含的题项都与听力和阅读理解有关,被命名为输入容忍度因子。输入和输出是语言学习过程信息加工的两个重要环节,所以从信息加工角度,外语学习歧义容忍度可以分为输入歧义容忍度和输出歧义容忍度。

10.4.2 歧义容忍度和学习策略量表的内部一致性

我们对两个量表的内部一致性进行了检验,学习策略量表和歧义容忍度的 Alpha 值分别为.926 和.846,说明整体上各量表的内在一致性较好,具有较高的信度。歧义容忍度各分量表和学习策略各分量表 Alpha 值都大于.700,其内在一致性信度都在可接受范围内（见表 10 - 4）。

表 10 - 4　歧义容忍度和学习策略分量表 Alpha 值

分类	项目内容	Alpha 值
输出容忍度	1. 说英语时,如果不能清楚表达自己的意思,会感觉不舒服。 2. 写作时,如果不能准确地表达自己意思,会感到不舒服。 3. 发音不准时会感觉不舒服。 4. 如找不到恰当英语词汇来表达一些汉语词汇的含义,会不安。 5. 写作时,因为不能确切表达自己的想法而不开心。 6. 有些语法很难运用到口语和写作中去,对此我感到烦恼。	.823
输入容忍度	7. 因为不能完全听懂老师的口语而不安。 8. 不喜欢读需花一些时间才能完全理解的材料。 9. 不喜欢阅读时猜意思。 10. 如不能完全理解阅读材料则感到烦躁。 11. 老师使用我不知道的英语单词时,感到困扰。 12. 因为不能完全理解某个语法而沮丧。	.745
直接策略	13. 认知策略,包括在头脑中创建形象、运用形象和声音、认真复习和使用动作,等等。 14. 补偿策略,包括灵活猜测、克服口语和写作方面的不足,等等。 15. 记忆策略。	.762
间接策略	16. 元认知策略,包括确定学习重点、安排和计划学习和评价学习,等等。 17. 情感策略,包括克服焦虑、自我鼓励和控制情绪,等等。 18. 社交策略,包括提问、与人合作和理解他人,等等。	.852

10.4.3　歧义容忍度、学习策略和学习成绩的描述性统计分析

　　为了进一步了解歧义容忍度的分类和分布情况,我们首先对其

进行了汇总和描述性统计分析。表 10 - 5 是歧义容忍度、学习策略和四级成绩分布的情况。整体而言,大学生英语学习输入歧义容忍度高于输出歧义容忍度,直接策略均值大于间接策略。另外,表 10 - 5 也显示,歧义容忍度、学习策略和学习成绩各变量的偏度和峰度值较小,都在允许范围内,表明这些数据呈正态分布,适合下一步的统计分析。

表 10 - 5　歧义容忍度、学习策略和学习成绩的描述统计分析结果

	N	极小值	极大值	均值	标准差	偏度	峰度
输入歧义容忍度	207	1.33	5.00	2.9614	.69079	.242	—.154
输出歧义容忍度	207	1.00	5.00	2.3476	.71642	.504	.753
直接策略	207	1.65	4.12	2.8724	.44432	—.095	.028
间接策略	207	1.20	4.78	2.7368	.57217	.012	.499
四级成绩	207	342.00	592.00	481.2222	51.34514	—.208	—.075

10.4.4　输入容忍度与输出容忍度的对比

为了验证上述各对歧义容忍度间是否存在统计意义上的显著差异,更好地探究它们间的关系,我们对其进行了配对样本 t-检验,结果见表 10 - 6。表 10 - 6 显示,输入歧义容忍度大于输出歧义容忍度,两者之间存在非常显著的差异($t=13.031$,$p=.000$)。

表 10 - 6　输入歧义容忍度和输出歧义容忍度独立样本 t-检验结果

	均值差	标准差	差分的 95% 置信区间		t	显著性
			下限	上限		
输入 - 输出歧义容忍度	.61376	.67763	.52090	.70661	13.031	.000

输入歧义容忍度大于输出歧义容忍度,以从语言学习输入和输

出的特点、学习者心理和外语教学等方面解释。首先,从概念上说,可以把输入看作是学习者接触的语言(Gass 等,2011:264),不是所有输入最终都能被学习者吸收并内化,有的输入信息可能被学习者有意或无意地错过。有时学习者不必太关注语言形式,甚至不必使用句法等知识,只关注关键词就能解释或理解输入的信息。输出时,学习者会被迫从语义加工转到句法加工(Swain,1985:249)。输出时,学习者不仅要尽可能产出特定的信息,还要注意语言形式,要使其尽可能合理化或达到最大的可接受性。另外,输出体现学习者对语言的运用,其结果是外显的,是给人看或听的,由于担心负评价或被扣分,一些学习者对没有把握的、模糊不清的语言成分容忍度相对低,会采取回避的策略处理。

10.4.5 学习策略、歧义容忍度与学习成绩的相关分析

我们对歧义容忍度、学习策略和学习成绩做了相关性统计分析,结果见表 10-7。表 10-7 显示,输入容忍度与输出容忍度呈非常显著正相关(r=.537,p=.000),说明两者既相互独立又相互联系,是外语学习歧义容忍度重要组成部分。输入容忍度与直接策略相互非常显著正相关(r=.212,p=.002),与四级成绩呈显著正相关(r=.164,p=.018),说明学生的输入容忍度越高,他们越倾向使用直接策略,学习成绩会相应地有所提高。输出容忍度与直接策略、间接策略和四级成绩有一定的负相关,但均未达到显著水平。直接策略与四级成绩呈非常显著正相关(r=.258,p=.000);间接策略也与四级成绩呈非常显著正相关(r=.361,p=.000),表明外语学习策略对学习成绩有非常大正向预测作用,大学生使用学习策略的频率越大,他们的学习水平也就越高。

表 10-7 歧义容忍度与学习策略和学习成绩的相关分析结果

		输出歧义容忍度	输入歧义容忍度	直接策略	间接策略	四级成绩
输入歧义容忍度	相关性	.537**	1	.212**	.129	.164*
	显著性	.000		.002	.064	.018
	N	207	207	207	207	207
输出歧义容忍度	相关性	1	.537**	−.024	−.129	−.034
	显著性		.000	.736	.064	.625
	N	207	207	207	207	207
四级成绩	相关性	−.034	.164*	.258**	.301**	1
	显著性	.625	.018	.000	.000	
	N	207	207	207	207	207
** P<.01，* P<.05						

　　为了进一步考察英语学习成绩与歧义容忍度和学习策略的关系，我们按照四级总成绩的高低排序对其进行了分组，确定前 52 名学生（25%）为高分组，后 52 名（25%）为低分组，然后运用独立样本 t-检验的方法对两组的相关数据进行比较。表 10-8 中的数据表明，高低分组的英语成绩达到了非常显著的差异（$t=25.910$，$p=.000$），即两组的成绩具有很好的区分力。高分组的输入容忍度明显高于低分组（$t=3.383$，$p=.019$），高分组的输出容忍度平均值低于低分组，但未达到显著差异（$t=-.219$，$p=.827$）。高分组的直接策略和间接策略使用频率都明显高于低分组（$t=2.389$，$p=.019$；$t=3.409$，$p=.001$），表明高分组比低分组较频繁地选用学习策略，特别是间接策略。这些发现基本和上述相关分析结果一致。

表 10 - 8　高、低分组歧义容忍度、学习策略和学习成绩的独立样本 t-检验结果

分类	高分组		低分组		t 值	显著性
	平均值	标准差	平均值	标准差		
输入歧义容忍度	3.1218	.75343	2.7788	.71379	2.383	.019
输出歧义容忍度	2.2340	.78400	2.2628	.53560	—.219	.827
直接策略	2.9389	.43392	2.7285	.46409	2.389	.019
间接策略	2.9372	.62693	2.5407	.55732	3.409	.001
四级成绩	544.5385	23.47586	414.2115	27.65001	25.910	.000

　　歧义意味着对特定的刺激或情景信息知觉不充分(McLain,1993)。歧义容忍是对歧义容忍情景的接受,在歧义情景下,个体如果对歧义不能容忍,会有以下某种反应:①从表象上否认,表现为抑制和否定;②从表象上屈服,表现为焦虑和不安;③从行动上否认,表现为破坏性的或重构性的行为;④从行为上屈服,表现为回避行为(Budner,1962)。输入容忍度高的学生比较能够接受语言输入过程中的不确定性,不会产生过度的焦虑和不安,能够输入并吸收较多的信息,学会较多的新知识,从而提高了语言水平。此外,输入容忍度高的学生能够正视并积极采用各种策略处理语言输入中的不确定性和困难,不轻易否认或回避,这对英语学习也会产生积极的推动。所以输入容忍度与英语成绩呈显著正相关。

　　输出歧义容忍度对学习策略具有负向影响,这与 Ely(1989)的一些研究发现比较接近。Ely(1989)发现学习者的歧义容忍度对母语策略、计划学习、查阅词义和求助等策略的选用具有负预测作用。输出容忍是对语言输出过程中不确定性因素的容忍。有些输出容忍度高的学生不会过于留意书面和口头表达中的一些模糊因素,有的甚至会倾向于接受这些模糊因素的存在,从而较少选用必要的策略来消除这些因素或改正错误,结果影响了考试成绩和英语水平的提高。反过来讲,外语学习中的不确定性可能会不断加强,因为随着语言能力的不断增强,学习者会揣摩所用语言的语体、正式程度、语境适合度和词汇的细微差别等(高层次的)问题;输出中的不确定性更容易造成学习者的不适感(Ely,2002)。所以,随着外语水平的提高,学习者要面对更多深层次的不确定性,而且水平高的学生比水平低的学生更容易识别或关注这些不确定因素,他们的输出歧义容忍度可能会变低,结果导致英语成绩和输出容忍度负相关。最后,学习策略对英语水平呈现显著的正相关,这与很多国内外研究发现比较一致,这里不再赘述。

10.5 结束语

本研究结果显示,大学生英语学习歧义容忍度可以分为输入歧义容忍度和输出歧义容忍度,其中输入容忍度与直接策略和英语成绩显著正相关,与间接策略不存在显著相关;输出容忍度与学习策略和学习成绩有一定的负相关,大都未达到显著水平。直接策略和间接策略都与学习成绩显著正相关。

除了影响语言的输入外,歧义容忍度对语言输出也有较大影响。歧义容忍度低会妨碍语言交际能力的发展,因为不能确定用何种形式,不能容忍表达中的不确定性,使学生产生心理忧虑,不愿冒险,不敢开口,最后错过了口语练习的机会(赖鹏,2009)。大学生的输出容忍度与英语成绩负相关,在一定程度上影响了他们交际能力的发展。另外,学习策略对英语成绩具有积极的预测作用。因此,英语教师在不断提升自己的英语水平、更新英语教学观念的同时,应帮助学生正确认识英语学习和交际,充分运用学习策略,适当提高英语学习歧义容忍度,特别是输出容忍度,以便更好地提高英语教学和学习的效率。

第十一章　从过渡语成因看格莱斯合作原则的违反

对于违反合作原则原因的最流行的解释是礼貌原则,但语言交际受多种因素影响,违反会话合作原则的原因必然有其多元性。在使用外语或二语交际的情况下,说话者的过渡语能力有时不能直接满足交际的需要,说话者有意或无意违反合作原则的现象在所难免。本章主要从语言迁移、训练转移和交际策略等过渡语成因角度探讨会话合作原则的违反。这种违反极容易造成误解或不解,其后果是交际中断,交际目的不能如期实现,所以最好采取一定的补救策略,避免或消除误解,以免造成不应有的遗憾。

11.1　引言

语言哲学家 H. P. Grice 早在 20 世纪 50 年代就对会话含义理论(the Theory of Conversational Implicature)有了初步的设想,但直到 1967 年才在哈佛大学的讲座中正式提出,1975 年发表了讲座的部分内容,1978 年发表了讲座的第二部分内容(姜望琪,2005:57)。Grice(1975)认为,谈话的各方为了使自己的话符合共同的需要,保证会话的顺利进行,必须共同遵守一个原则,即合作原则(Cooperative Principle),也就是说,谈话各方要相互合作、积极配合。合作原则包含四条准则,即①数量准则(Maxim of Quantity),②质量准则(Maxim of Quality),③关系准则(Maxim of Relation)和④方式准则(Maxim of Manner)。数量准则指的是所说的话应如当前交谈所要求的信息那样充分,所说的话不应包含超出需要的信息;质量准则指的是不要说自知是虚假的话,不要说证据不足的话;关系准则指的是说话要同话题有关联;方式准则是指话语要清晰简洁而有条理,要避免晦涩,避免歧义。人们在谈话中如果要直截了当地表示自己的意思,就必须参照上述四条准则,否则说出的话就很可能产生特殊的会话含义。简而言之,会话含义指的是说话者的"言外之意",它来源于会话双方对准则的遵守和违反,Levinson 称来源于前者的会话含义为标准含义,但人们普遍认为标准含义没有准则违反的含义意义重大(陈融,1985),本章着重探讨合作原则的违反。

11.2　过渡语成因与格莱斯合作原则

对于违反合作原则的原因,Grice 没有做出明确的解释,这也是会话含义理论的不足之一。Leech(1983)认为人们之所以违反合作原则是出于礼貌,不想说出对听话者不礼貌的话。我们认为违反合作原则的原因是多方面的,尤其是在外语或二语交际的前提下,说话者外语或二语能力不足,即过渡语能力不足,与合作原则的违反有较大的关联。本章试以过渡语为切入点,从二语习得的角度探讨这一现象。

过渡语(interlanguage)(Selinker,1972)指的是外语学习过程中,学习者使用的介于母语和目的语之间的语言体系。它既具备学习者母语的特征,也带有他所学习的目的语的特点,并逐渐向目的语靠近。与过渡语相近的概念最早是由 Corder(1967)提出来的,Corder 把学习者尚未达到目的语能力的外语能力称为"过渡能力"(transitional competence),后来(1971)又称其为"特异方言"(idiosyncratic dialect)。Nemser(1971)把外语学习者使用的偏离目的语的语言系统称为"相似系统"(approximative system)。Selinker(1969)在国际会议上首次提出了 interlanguage 一词,后来(1972)发表了题为"Interlanguage"的论文,对这一概念进行了系统的阐述,确立了它在第二语言习得理论中的重要地位。过渡语具有系统性、动态性、可渗透性及阶段性等特点,但过渡语最明显的特征,也是最让语言学家感到不解的是它的僵化性(fossilization)(戴炜栋等,1999)。僵化指的是过渡语中的某些语言项目、语法规则和系统知识还没有达到目的语状态时就停止发展,某些语言错误已经作为一种语言习惯固定下来,进一步学习也不能改正(Selinker,1972)。Selinker 认为,二语学习者可能有 95%的人不能最终达到目的语的水平,即绝大多数二语学习者的过渡语不能达到其连续体的终点,即不能达到以目的语为本族语人们的语言水平,比如,以英语为外语的学习者的英语水平很难达到以英语为本族语人们的水平,大部分英语学习者使用的是过渡语。Selinker 认为过渡语的形成有五个因素在起作用:语言迁移(language transfer)、训练迁移(transfer of training)、交际策略(communication strategy)、学习策略(learning strategy)和过度概括(overgeneralization)。限于篇幅,本节主要从语言迁移、训练迁移和交际策略等几个方面,探讨会话合作原则的违反。

11.2.1 语言迁移与合作原则的违反

语言迁移是来自于母语和以前习得的其他任何语言之间的相似和差异的影响(Odlin,1989:27),有不同的分类,按照过渡语、母语和目的语间的关系有语际迁移、语内迁移和过渡语语内迁移,按照迁移的结果可以分为正迁移和副迁移,按照语言层面可以分为语音迁移、词汇迁移、语用迁移和语篇迁移等(转引自司联合,2004:135)。当由于受过渡语水平等因素的限制,外语学习者或使用者在交谈中受到母语等比较熟悉的语言结构的干扰,有意或无意地使用该语言相关成分时,很可能违反会话的合作准则。

例1.中外同事在谈论中央电视台春节联欢晚会:

Foreigner:What do you think of the Spring Festival Gala on CCTV?

Chinese:I think it is too will be more interesting and there are more and more people want to see it.

对话中,显然中国同事说的是中国式英语,整个句子繁杂邋遢,尤其"it is too will be more interesting"(也会更加有趣)令对方费解,所以该句违反了会话原则中的方式准则。

除了母语等具体语言成分外,相关文化对过渡语交际也有影响。

例2.一位美国同事感冒了,中国同事表示关心:

Chinese:You look pale. What's the matter?

American:I'm feeling sick. A cold, maybe.

Chinese:Go and see the doctor. Drink more water. Did you

take any pills? Chinese medicine works wonderful. Would you like to try? Put on more clothes. Have a good rest.

American：You're not my mother，are you?

在对话中，美国人对上面第一句话的反应通常会是"Take care of yourself. I hope you'll be better soon."（夏纪梅，1995：3）。由于受汉语文化的影响，中国同事对美国同事表示出过度的关心，违反了数量原则和方式原则，因为他一连串强加的建议，不仅信息量太大，超出了会话的需要，而且冗长烦琐，难怪引起了对方的反感。

11.2.2　训练迁移与合作原则的违反

训练迁移是指有些过渡语的产生来自于学习者接受知识的方式。一方面是因外语教师某些不地道的或不合适的语言运用及教授，另一方面语言材料的使用不当也可产生训练迁移。不当的训练或教学因素也会对学习者过渡语的发展产生消极影响。

例3.假期过后，外教和学生在校园相遇：

Teacher：Hey，how is it going?

Student：Er... I'm going to the library.

显然学生所答非外教所问，违反了关系准则，因为他的回答和话题不相关。我们认为这种现象和教学因素有很大关联。很多基础教材内容老化，语料陈旧、单一，语用知识匮乏，而教师也没有进行及时有效的补充说明。假设外教的问候语是"Hi，how are you?"，学生很可能对答如流"I'm fine. Thanks. And you?"，因为教材里就是这么写的，老师也是这样教的。

再看下面两个例子（杨连瑞等，2006）：

例4. A：What happened to the crops?

　　　 B：They were destroyed by the rain.

　　　 A：When?

　　　 B：Last week.

例5. A：What happened to the crops?

　　　 B：The crops were destroyed by the rain.

A：When were the crops destroyed by the rain?

B：The crops were destroyed by the rain last week.

我们不难看出,例 5 语句繁琐,违反了方式原则。例 4 是符合真实语境中的自然话语,而例 5 虽然语法正确,但英美人一般不会这么说,而且这种完整句在特定语境下容易让人推导出本不该有的含义：说话人有些不耐烦或在耍脾气。由于过于强调语言本身,人们在编写相关教材或教学时,忽略了自然语境,忽略了有形的衔接和无形的连贯,忽略了话语中的命题和言外之意(杨连瑞等,2006)。

11.2.3　过渡语交际策略与合作原则违反

交际策略(Communication strategy)这个概念也是由 Selinker (1972)在"Interlanguage"一文中首次提出的,他认为交际策略是过渡语形成的重要因素之一,但是没有对交际策略的内涵和外延做出明确的界定。后来,有学者主要从过渡语和错误分析的角度探讨交际策略的意义、分类和交际作用等问题。Faerch 等(1984)把交际策略分成回避策略(avoidance strategies)和成就策略(achievement strategies)。当学习者遇到表达困难时,通常有两个选择：一是回避,二是设法解决。回避的方法是采用缩减策略来调整原来的交际目标,设法解决就是采取成就策略(转引自 Cook,2000:123)。我们认为,无论学习者采取什么交际策略,都有可能违反合作准则。

例 6. 美国同事和中国同事在谈论中国饮食：

Foreigner：What are the special dishes in your hometown?

Chinese：Well，I'm from sea area. People there like seafood very much.

Foreigner：What kind of seafood?

Chinese：Fish.

Foreigner：Just fish?

Chinese：Um，... and others.

显然,中国人的回答信息不充分,违反了数量准则,因为限于语言能力,他没有说出具体的"特色菜"。对话中,中国人运用了代替和回避等交际策略,勉强完成了对话,比如用 fish 替代 seafood,缩减了表达内容；用 sea 与 others 代替和回避 coastal 以及除了 fish 以外的海鲜食品。

例 7. 与外国朋友讨论某项活动是否应取消时，中国学生表达了自己的观点：

Student：I think it should be cancered because it is too *langfei* time.

这句话违反了方式准则，因为对于听者而言，它的意思很模糊，晦涩难懂得。首先，这位学生把 cancer 误用作 cancel，容易使话语产生歧义；其次，他用了变换语言的交际策略（language switch），在句子中用了非专有名词的汉语拼音，使听者难以理解。

11.3　结束语

在语言交际中，交际各方受多种因素的影响，定会有意或无意违反会话合作原则。在外语或二语交际条件下，如果某位交际者因语言能力所限违反了合作原则，那么这种违反不是出于说话者的本意，是被动的违反，不一定产生会话含义，但极容易造成误解或不解，其后果是交际中断，交际目的不能如期实现。所以，在用外语或二语交际过程中，一旦发现因为语言能力问题，无奈违反了合作原则，最好采取一定的补救策略，避免或消除误解，以免造成不应有的遗憾。

第十二章　研究生英语学习观念研究

　　本章以非英语专业研究生为被试,运用定量分析的方法,调查了他们的英语学习观念与成绩、性别、动机之间的相互关系。结果表明,整体而言,研究生的流利表达观念、形式操练观念和学习管理观念强度较大,他们的语言学能观念和母语策略观念强度较小;语言学能观念与学习成绩呈非常显著负相关,学习管理观念与学习成绩呈非常显著正相关,学习管理观念和形式操练观念呈非常显著正相关,与流利表达观念和母语策略观念呈显著负相关,母语策略观念与流利表达观念呈显著性正相关;高分组的语言学能观念明显弱于低分组,而高分组的学习管理观念强于低分组,而且都达到了显著的差异水平;男生的语言学能观念和母语策略观念都比女生强,他们的学习管理观念弱于女生,而且也达到了非常显著的水平;研究生的深层动机与学习管理观念呈非常显著的正相关,与母语策略观念几乎达到显著负相关,表层动机与语言学能观念、母语策略观念呈非常显著正相关,表层动机与学习管理策略呈现非常显著的负相关。基于以上结果,作者做了必要的分析并提供了相应的建议。

12.1　引言

　　外语学习观念是指人们对如何学好外语的看法(Horwitz,1987),是研究学习者个体差异重要变量。国外相关研究成果早已表明,学习观念对语言学习过程和结果有重要影响(Schommer 1990;Sakui 等 1999;Bernat,2004)。Wenden (1991)论述了外语学习观念的四大特征:①稳定性:观念一旦形成,就成为知识体系的一部分,并储存在长期记忆中;②可描述性:学习者能够对自己的观念进行描述;③易错性:学习者的观念或许是不恰当的,其观念在形成时往往没有科学依据;④可变性:通过学习者自己的努力或受外界的影响,已经形成的观念是可以改变的。

近年来,我国学者主要以我国高校学生为研究对象,对其英语学习观念进行了比较系统、全面的研究,取得一些比较有说服力的成果。除了具备上述四大特征外,胡志军(2007)认为,某一特定学习者的外语学习观念体系还具有以下特征:①整体性:某一特定学习者的外语学习观念体系是一个有机整体,作为组成部分的各种外语学习观念受整个体系的影响,同时也影响着整个体系,而各种外语学习观念之间也相互交织、相互联系、相互影响;②独特性:每个学习者的外语学习观念体系,如同每个人的相貌或思想一样,都不尽相同,当然,这种独特性并不排除同类学习者的外语学习观念体系具有共同的特征;③潜在性:学习者对他们的外语学习观念体系并非全部意识到,有些观念,甚至整个体系,经常处于隐性状态,但可以通过交谈、讨论等方式提高学习者的自我意识程度;④开放性:学习者的外语学习观念体系不是封闭的,而是受多种因素的影响,如学习者的社会文化背景、学习者的学习经历、外语教师的外语学习观念、其他学习者的外语学习观念、母语学习观念等等;⑤动态性:学习者的外语学习观念体系一旦形成便呈现出稳定性的特征,但这种稳定性是相对而言的,因为内外部条件是处于不断的变化之中的,这一体系必然会呈现出动态性特征,如果变化较小,已有的体系会保持相对的稳定性,如果变化大,已有体系的稳定性就会被打破,从而形成新的体系,新的体系又会呈现新的稳定性和动态性;⑥相对性:某一特定学习者的外语学习观念体系是优还是劣,应根据该学习者的特定情况判断,某一外语学习观念体系,对一类学习者可能是优,对另一类学习者可能是劣,即使对同一个学习者,在学习的初级阶段可能是优,在学习的中级阶段又可能是劣,即使对同一学习者在同一阶段,其外语学习观念体系的某些方面可能是优,另外一些方面可能是劣。

文秋芳等(1996)分析了大学二年级学生英语学习观念与学习策略的关系,发现每对学习观念与学习策略都正相关,并且相关程度具有统计意义。王守元(1999)系统回顾和分析了 20 世纪 70 年代以后的海外外语学习观念研究成果。文秋芳(2001)在另一项研究发现,英语专业学生四个学习观念中管理观念的平均数最高,依赖母语观念的平均数最低,功能操练观念的平均数位于第二,形式操练观念的平均数位于第三;周大军等(2007)调查了我国高校英语学习者观念的特点及其变化趋势,发现英语与非英语专业之间以及性别之间在观念总体上的差异显著水平均不具有统计意义,管理观念和功能操练观念之间,学生的偏爱程度没有差异,但其他各变量之间的均值差异都具有统计意义,学生对形式操练观念的偏爱明显低于管理观念和功能操练观念,对依赖母语观念偏爱程度最低。励哲蔚(2007)发现,非英语专业二年级大学生有关英语学习的观念仍然有一些是错误的,高分学生和低分学生在英语学习观念上的差异并不十分明显。

不难看出,以上研究对象主要是本科学生,而且针对英语学习观念与学习成绩相互关系的研究成果偏少。另外,我国大学英语教学主要在前四个学期进行,一般而言,学生在大学三、四年级基本没有英语课程,这对学生的英语学习势必造成一定影响。英语学习观念对英语学习行为起支配作用(文秋芳,2000:35),对研究生英语学习观念进行研究和了解,以便对其进行一定的调整或指导,对于今后提高英语学习和教学效果具有重要意义;同时,该研究也会对本科阶段英语学习和教学产生一定的借鉴作用。

本研究主要探讨大学英语新生学习观念的基本情况、英语学习观念的性别差异、英语学习观念与成绩的关系、学生来源等因素对英语学习观念的影响等。

12.2　研究设计

12.2.1　研究对象

本研究被试是杭州电子科技大学2008级5个英语教学班级(每个英语教学班由2~5个专业的学生组成)135名研究生新生,其中男生86人,女生49人,应届本科毕业生102人,往届本(专)科毕业生33人,年龄在22~29周岁之间,本(专)科生毕业于全国60所各类院校或研究机构,所学专业包括思想政治教育、企业管理、管理工程、机械设计及理论、通信工程、计算机软件理论与应用等十余个。

12.2.2　研究工具

本研究主要采用问卷调查的形式进行。问卷由三部分组成,第一部分主要包括性别、年龄、入学英语成绩、所学专业、本(专)科毕业学校,是否应届或往届毕业。第二部分是涵盖了语言学能、管理、形式与功能操练、母语、准确与流利等学习观念与深层动机和表层动机的封闭式问题,其中大部分问题选自文秋芳(2000:33-54;175-176),部分问题在选入时经过一定的调整,部分问题是反向设计的。所有问题采用利克特(Likert)量表形式,分从"1＝我坚决不同意这个看法"到"5＝我非常同意这个看法"五级。第三部分是一道半开放式问题,是对英语和英语学习其他想法或建议的征求。

　　问卷是开学之初,由英语任课教师当堂向学生发放,并讲解填写方法,学生填好后,再由教师统一收回。本研究总共发出问卷 135 份,收回 134 份,其中有效问卷 134 份。问卷收回后,被进行初步整理、排序,然后进行电脑录入,运用 SPSS13.0 对反向问题重新编码后,进行相应的统计分析。根据问卷项目间内部一致性方法检验,得出了 alpha 值大于或等于 0.50 的为各类观念信度系数。

　　首先对各分量表因素内部一致性进行信度分析,剔除 alpha 值小于 0.5 的部分,表 12-1 是最后用于分析的项目及其包含的题目数量和 alpha 值。

表 12-1　问卷信度

项目描述	语言学能观念	学习管理观念	形式操练观念	流利表达观念	母语策略观念	深层动机	表层动机
题目数量	6	8	4	3	6	5	5
alpha 值	0.591	0.802	0.576	0.624	0.729	0.579	0.748

12.3　结果与讨论

12.3.1　英语学习观念总体分布情况

　　从表 12-2 和图 12-1 可以看出,在总体上平均分数比较高的是流利表达观念、形式操练观念和学习管理观念,它们的平均值都在 3.3 至 4.00 之间,被试比较认同其在提高学习效果和实际运用英语能力方面所起的作用。平均值比较低的是语言学能观念和母语策略观念,两者的平均值都在 2.5 以下,表明被试对这两种观念不大认同。

表 12 - 2　总体英语入学成绩和学习观念描述性统计分析结果

	平均值	标准差	人数
母语策略观念	2.3930	.57858	134
语言学能观念	2.4714	.54670	134
流利表达观念	3.3905	.70979	134
形式操练观念	3.7873	.50608	134
学习管理观念	3.9944	.48300	134
英语入学成绩	59.3008	8.27280	133

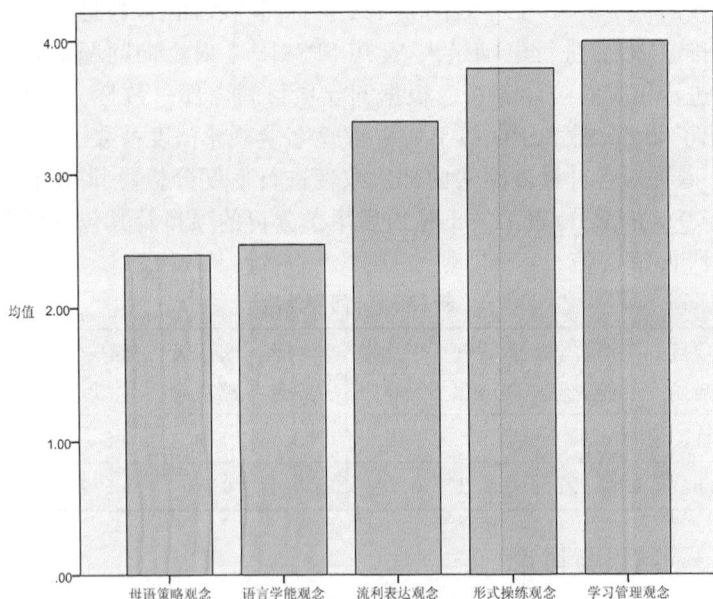

图 12 - 1　学习观念平均值

12.3.2　英语学习观念与成绩、学习观念之间相关统计分析

表 12 - 3 清楚地显示,在被调查的五种观念中,语言学能观念与学习成绩呈非常显著负相关,也就是说语言学能观念越强的人,他们的学习成绩可能会越低,因为他们往往认为学好语言的关键在于拥有语言天赋和学习环境、教师水平等外在因素,在学习过程中持消极

被动的态度,对学习中出现的问题感到束手无策,不能从自己身上找原因并发挥自我内在的潜力。恰恰相反,学习管理观念与学习成绩呈非常显著正相关,即相对而言,学习管理观念越强的人,学习成绩就越好。学习管理观念强的人,能够制定明确的学习目标和学习计划,能够不断评估自己的学习过程和成绩,能够根据自身的特点采取行之有效的学习策略,及时地发现和解决学习中的各种问题,勇于对自己的学习成败负责,这也同时解释了表 12-3 中语言学能观念与学习管理观念呈非常显著负相关的原因了。此外,学习管理观念和形式操练观念呈非常显著正相关,与流利表达观念和母语策略观念呈显著负相关。学习管理观念与形式操练呈非常显著的正相关,首先因为形式操练本身是比较重要的,特别是在外语学习初级阶段,学生比较重视。其次,可能和中国的外语教学环境有关。长期以来,中国的外语教学,特别是公共外语教学,以教师精讲精读课本为主,重视句型和语言点的练习,各类外语测试包含比较多的语言知识本身的内容,这对学生的外语学习有较大的导向作用。再次,尽管研究生都有多年的英语学习经历,可以通过各类考试,但他们的英语综合应用能力还是不理想,再加上使用英语的机会和环境缺乏,他们在学习观念上势必对形式操练产生一定依赖性。所以管理观念强的学生形式操练观念也比较强,这并不难理解。学习管理策略与流利表达观念和母语策略观念都呈负相关,而且都达到了显著水平,表明学生管理观念越强,他们对流利表达观念和母语策略观念越不认同。最后,母语策略观念与流利表达观念呈显著性正相关,表明持这种观念的学生希望通过使用母语策略来加强表达的流利性。

表 12-3　英语学习观念与成绩、学习观念之间相关统计分析结果

		入学英语成绩	语言学能观念	学习管理观念	形式操练观念	流利表达观念	母语策略观念
入学英语成绩	相关系数	1	-3.288**	.249**	.109	.029	-.051
	显著性		.000	.004	.212	.740	.562
	人数	133	133	133	133	133	133

（续表）

		入学英语成绩	语言学能观念	学习管理观念	形式操练观念	流利表达观念	母语策略观念
语言学能观念	相关系数	−3.288**	1	−.421**	−.100	.062	.087
	显著性	.000		.000	.249	.474	.319
	人数	133	134	134	134	134	134
学习管理观念	相关系数	.249**	−.421**	1	.253**	−.171*	−.176*
	显著性	.004	.000		.003	.048	.041
	人数	133	134	134	134	134	134
形式操练观念	相关系数	.109	−.100	.253**	1	−.097	.000
	显著性	.212	.249	.003		.266	.998
	人数	133	134	134	134	134	134
流利表达观念	相关系数	.029	.062	−.171*	−.097	1	.239**
	显著性	.740	.474	.048	.266		.005
	人数	133	134	134	134	134	134
母语策略观念	相关系数	−.051	.087	−.176*	.000	.239**	1
	显著性	.562	.319	.041	.998	.005	
	人数	133	134	134	134	134	134
*P<.05,**P<.01							

12.3.3 高、低分组学生英语学习观念的差异

我们根据被试入学英语成绩的排序,确定高分前 25% 总计 32 人为高分组,低分后 25% 总计 33 人为低分组,然后运用独立样本 t-检验方法统计两组的英语入学成绩、各个观念的平均数和标准差等,结果见图 12-2 和表 12-4。

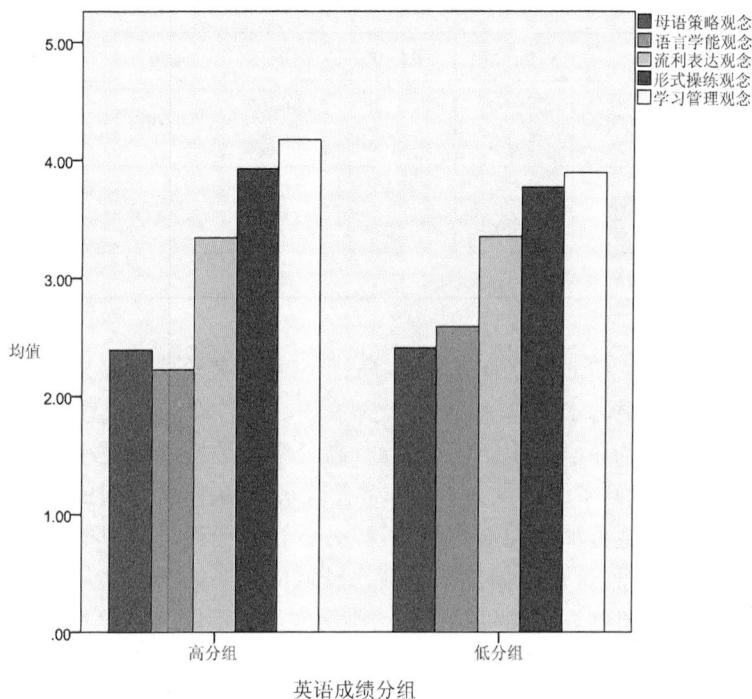

图 12 - 2　高、低分组学习观念平均值

表 12 - 4　高、低分组英语成绩、学习观念 t-检验结果

	高低分组	平均值	标准差	t 值	显著性
入学英语成绩	高分组 低分组	71.2581 50.1212	5.60932 2.20451	19.606	.000**
语言学能观念	高分组 低分组	2.2240 2.5909	.54314 .52057	−2.781	.007**
学习管理观念	高分组 低分组	4.1758 3.8977	.31728 .64986	2.202	.033*
形式操练观念	高分组 低分组	3.9297 3.7727	.38224 .56722	1.304	.197

（续表）

	高低分组	平均值	标准差	t 值	显著性
流利表达观念	高分组 低分组	3.3438 3.3536	.66389 .88952	−.050	.960
母语策略观念	高分组 低分组	2.3906 2.4091	.43091 .73254	−.124	.902
*P<.05，＊＊P<.01					

表 12－4 中的数据首先表明，高、低分组的英语成绩差异达到统计意义上的显著水平(t＝19.606，＊＊P<.01)，即两组成绩具备较好的区分力。在语言学能观念方面，高分组的平均值明显小于低分组，其差异达到了统计意义上的非常显著水平，说明低分组的学生比高分组的学生更加认同语言学能观念，更容易把英语学习的成败归因于外在因素，这是他们英语成绩比较低的重要原因。这从反面印证了深层动机与表层动机对于英语学习作用的不同。在学习管理观念方面，高分组的平均值大于低分组，也达到了显著的差异水平，说明高组的学生比低分组的学生更加接受学习管理观念，善于科学地安排和管理自己的英语学习，因此就更加可能取得好的学习成绩。高、低分组在其他三个观念上也有所差别，但均未达到统计意义上的显著水平。

12.3.4 男、女学生英语学习成绩、观念差别

性别差异和学习成绩的关系问题历来是人们研究的重要内容。我们对男、女被试的英语成绩和学习观念进行了独立样本 t-检验，结果见表 12－5。

表 12－5 男、女英语学习观念和入学英语成绩差异 t-检验结果

	男女分组	平均值	标准差	t 值	显著性
入学英语成绩	男 女	58.2235 61.2083	8.41254 7.74036	−2.022	.045*

（续表）

	男女分组	平均值	标准差	t 值	显著性
语言学能观念	男 女	2.5543 2.3229	.55568 .50225	2.390	.018*
学习管理观念	男 女	3.8895 4.1823	.48088 .41011	−3.504	.001**
形式操练观念	男 女	3.8110 3.7448	.50284 .51439	.725	.470
流利表达观念	男 女	3.4147 3.2472	.69345 .74364	.526	.599
母语策略观念	男 女	2.4709 2.2535	.68978 .53593	2.113	.036*
*P<.05,** P≤.01					

　　从表 12-5 可以看出,女性被试的英语平均成绩高于男性被试,而且其差异性达到显著水平(t=−2.022,P<0.05)。男性被试的语言学能观念和母语策略观念的平均值都比女性的高,而且都达到了统计意义上的显著水平(t=2.390,P<0.05;t=2.113,P<0.05)说明男性被试对这两种观念比较认同,比较容易把学习成绩的好坏归因于外在因素,有比较大的母语策略依赖倾向。恰恰相反,在学习管理观念方面,男性被试的平均值却低于女性,而且达到了非常显著的水平(t=−3.504,P≤0.01),这说明整体而言男性被试的学习管理观念强度比女性被试弱得多,学习管理意识相对不足,这也从一定程度上解释了女性外语学习者的成绩历来多比男性高的原因。

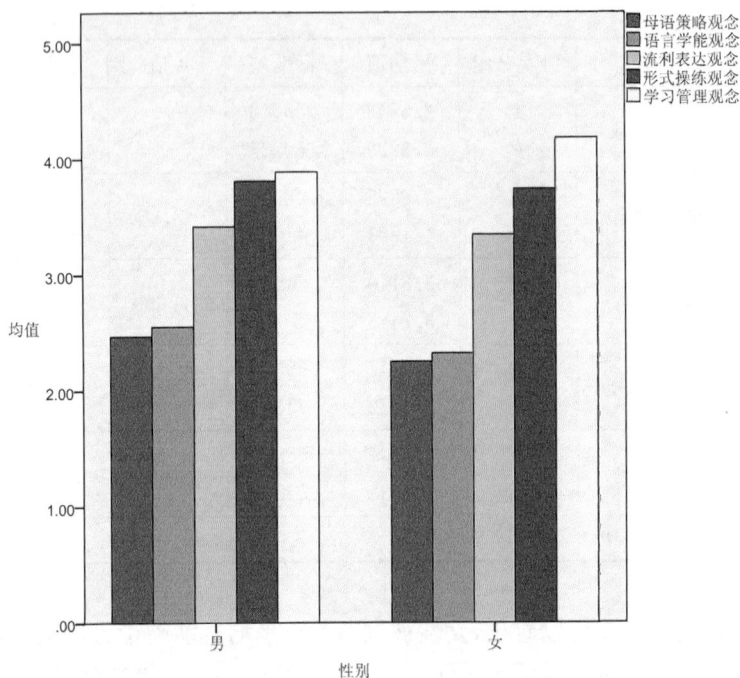

图 12 - 3　男、女研究生学习观念平均值

12.3.5　英语学习观念和动机相关分析

动机是影响一个人做事愿望的一些因素（Richards 等，2000），是影响外语学习的重要情感因素之一。人们从不同的角度给动机进行了分类，如外在动机、内在动机、融合型动机和工具型动机等等。文秋芳（2000：174-178）从教育心理学的角度，把英语学习动机分成为了文凭、好工作、高工资等表层物质刺激的表层动机（surface motive），和因为兴趣、为了增加知识等深层物质刺激的深层动机（deep motive）。本节采用文秋芳的分类方法，对英语学习者的学习动机和观念进行相关分析。

表 12 - 6　英语学习动机与学习观念相关分析结果

		语言学能观念	学习管理观念	形式操练观念	流利表达观念	母语策略观念
深层次动机	相关系数	-.143	.300**	.169	-.011	-.054
	显著性	.100	.000	.052	.903	.537
	人数	134	134	134	134	134
表层次动机	相关系数	.286**	-.349**	-.114	.169	.415**
	显著性	.001	.000	.189	.051	.000
	人数	134	134	134	134	134
* P<.05, * * P<.01						

表 12 - 6 显示,被试的深层动机与学习管理观念呈非常显著的正相关,与母语策略观念几乎达到显著负相关,即被试的深层动机越强,他们对学习管理观念就越认同,对母语策略观念越排斥。这是因为具有深层动机的学生对学习外语感兴趣,对外国文化感兴趣,对外国的科学技术感兴趣,深层动机愈强,使用目标语言的欲望愈强,因此依赖母语的可能性就越小(文秋芳,2001),而且他们能够根据需要,通过设定切实可行的学习目标,制定合理的学习计划,采取必要的学习策略等方式,管理自己的学习过程。表 12 - 6 同时也显示,被试的表层动机与语言学能观念、母语策略观念呈非常显著正相关,这并不难解释。因为持有表层动机的被试学习英语的动力往往来自于通过考试、求职等外在因素,他们很可能认为学习的成败取决于语言天赋或外部环境等很难自我控制的因素,所以他们对语言学能观念比较接受,同时他们对英语学习的兴趣相对不足,为了尽快实现学习目的,他们往往会采用一些急功近利的策略,比如母语策略,所以他们对母语策略观念比较认同。(母语策略可以帮助外语学习者解决临时性的问题,但长期依赖母语策略,从长远的角度看并不可取。)被试的表层动机与学习管理策略呈现非常显著的负相关,这与有的调查结果不同,如文秋芳(2001)通过对某大学英语专业学生从大一到大三连续三次调查发现,英语专业学生的表层动机与被调查的四种观念之间的相关系数不具备统计意义,但与管理观念的正相关有明

显增强的趋势。但本研究的被试是非英语专业研究生,是相对特殊的英语学习群体,已经学习英语多年,参加过各类英语考试,已经对以应试为主要目的英语教学和学习产生了一定程度的"审美疲劳",尤其是表层动机比较强的研究生,通过英语考试是他们学习英语的主要动机,一旦考取研究生,他们学习英语的动力就会减弱甚至消失,英语学习管理观念也就随之淡化了。

12.4 结论与建议

12.4.1 结论

(1) 整体而言,在总体上平均分数比较高的是流利表达观念、形式操练观念和学习管理观念,被试比较认同其在提高学习效果和实际运用英语能力方面所起的作用。平均值比较低的是语言学能观念和母语策略观念,表明被试对这两种观念不大认同。

(2) 在被调查的五种观念中,语言学能观念与学习成绩呈非常显著负相关,学习管理观念与学习成绩呈非常显著正相关。此外,学习管理观念和形式操练观念呈非常显著正相关,与流利表达观念和母语策略观念呈显著负相关。母语策略观念与流利表达观念呈显著正相关。

(3) 高分组的语言学能观念平均值明显小于低分组,其差异达到了统计意义上的非常显著水平,高分组的学习管理观念平均值大于低分组,也达到了显著的差异水平。高、低分组在其他三个观念上未达到统计意义上的显著水平。

(4) 男性被试的语言学能观念和母语策略观念的平均值都比女性的高,而且都达到了统计意义上的显著水平;男性被试的学习管理观念平均值低于女性,而且达到了非常显著的水平。

(5) 被试的深层动机与学习管理观念呈非常显著的正相关,与母语策略观念几乎达到显著负相关;被试的表层动机与语言学能观念、母语策略观念呈非常显著正相关;被试的表层动机与学习管理策略呈现非常显著的负相关。

12.4.2 建议

从以上研究结果和分析可知,好的英语学习成绩的取得和正确的学习观念和较强的学习动机密切相关,为此我们提出以下建议。

1. 帮助学生树立并保持正确的英语学习观念,培养他们对自己学习负责的意识

学习观念虽然重要,但学习者并不一定都持有正确的观念,学习者的错误观念会成为其知识体系的一部分,有一定的稳定性,但通过学习者自身的努力和外界的影响,已形成的观念是可以改变的。为了更好地培养学生的自主学习能力,教师有必要首先了解他们的学习观念,纠正他们的错误观念(雷宵,2005)。根据归因理论(Weiner,1986:93-105),如果学习者将自己的失败归结为可以控制的因素,例如努力不够,这样就会激发他们投入更多的时间和精力去学习;相反,如果他们将之归结为不可控制的因素,如缺乏相应的能力,结果往往导致学习动机的下降,从而不愿付出更多的努力。

2. 树立英语教学在学生心目中新形象,强化学生学习英语的动机

由于种种原因,我国的外语教学从中学到大学应试倾向明显(束定芳等,2008:4),研究生长期接受这种以培养应试能力为特征的教学,他们心目中对英语教学的主要印象无非是词汇用法、语法规则和应试技巧的讲授、训练,这严重地磨蚀了他们英语学习的兴趣和积极性,给研究生阶段英语教学和学习带来极大的消极影响。所以研究生英语教学管理者和教师应更新观念,积极推动研究生英语教学改革,调整教学重点,充实教学内容,全面发展学生英语的综合应用能力,提高他们的文化修养,强化他们英语学习的动机,使他们感到英语学习是一件非常令人快乐的事,是一段美好的人生经历。

3. 鼓励研究生相互帮助,营造合作英语学习的氛围

研究生们各有所长,尤其是英语成绩好的学生,对英语学习有独到的见解,英语功底比较深厚,所以应鼓励他们把好的学习观念,高效学习策略和学习经验介绍给大家,也可以请他们帮助同学解决学习中的具体问题。在教学过程中,可以采用任务教学方法,要求学生以小组为单位用英语合作完成某项任务,使每个学生都参与贡献自己的力量。这样所有学生在完成合作学习的过程中,真实、自然地运用英语交流,体验了英语的交际功能;另外,在上述活动中,研究生相

互尊重,彼此友爱,营造了轻松的英语学习的氛围,降低了学习焦虑,而且也锻炼了人际交往能力。

4. 强化研究生自主学习的观念,提高课外英语学习的比重

由于课程设置和课时不足等原因,课堂英语教学和学习不能充分满足培养英语综合应用能力的需要,更不能满足个性发展的需要。另外,一些研究生对自我管理观念不太认同说明他们对学习的自觉性和主动性还远远不够,对课堂教学存有一定的依赖心理。所以教师应强化研究生自主学习英语的意识,鼓励或要求他们在课外进行有针对性的自主性英语学习,然后通过寻找或创造各种途径为他们展示或运用自主学习的成果,并给予鼓励性的评价或奖励。

学习者由于受自身学习经验和社会文化背景的影响,都会对语言学习持有不同的观念(Horwitz,1987)。研究生思想活跃,思维能力强,具备很好的学习潜质。当前研究生英语教学的关键在于如何帮助学生树立正确的英语学习观念和动机,并把这些观念和动机转化为学习英语的动力和行为。

第十三章　从过渡语理论看大学英语第二课堂建设

过渡语指的是二语/外语学习过程中,学习者使用的介于母语和目的语之间的语言体系,它既具备学习者母语的特征,也带有目的语的特点,并逐渐向目的语靠近。过渡语理论在导向上实现了从以教学为中心的观点向以学习为中心的观点的根本转变,它为大学英语第二课堂建设提供一定的理论根据。本章基于过渡语理论探讨了大学英语第二课堂建设的重要意义:第二课堂为学生提供更多英语输出机会,体现对学生个体差异的尊重,是丰富学生语言输入的有效途径,是实施大学英语后续教学的重要探索。

13.1　引言

近年来,我国的改革开放不断深入,经济飞速发展,国际交往越来越频繁,对外语人才的需求量也不断增大。加入 WTO 以后,我们更进一步融入国际大家庭,各国科技交流、经贸活动、政府往来等会更加活跃,各行各业都将直接面对国际大市场、都将与国外同行进行同台激烈竞争。这对大学生英语水平、能力和素质提出了更高的要求,同时对大学英语教学提出了新的挑战。传统的以班级集体授课为教学形式的课堂教学,已经不能满足充分挖掘学生潜在能力、培养学生的特长、全面提升学生的英语综合应用能力的需要,所以非常有必要针对各校的实际情况,进行英语第二课堂教学模式的理论研究和实践探索。

13.2　过渡语理论与大学英语第二课堂建设

过渡语(interlanguage)(Seliker,1972),是二语习得研究中非常重要的概念,指的是在第二语言学习过程中,学习者建立的既不同于他们的第一语言,也不同于他们所学习的第二语言的一个语言系统。

它既具备学习者母语的特征,也带有其所学习的目的语的特点,并逐渐向目的语靠近。人们也曾用"特异方言"(idiosyncratic dialect)(Corder,1971)和"相似系统"(approximative system)(Nemser,1971)等术语描述这种二语学习者语言系统,但使用最广泛的还是"过渡语"这个概念。本节将以过渡语理论为依据,对大学英语第二课堂建设进行几点探讨。

13.2.1 第二课堂是丰富学生语言输入的有效途径

输入是语言学习的重要方面。在课堂上,学生进行语言输入的途径主要有三种:教师话语(teacher talk)、同伴言语(peer speech)和教材(Han,2004:151)。教师话语是教师在教学过程中使用的一种语言。为了使课堂教学顺利进行,教师往往把语言简化,致使它与目的语有一定的差异。教师话语中还包括很多特定的在其他场合几乎不用的课堂教学用语,这些语言除了在课堂上帮助学生理解教学内容外,在课堂以外几乎就没有用武之地了,除非学生毕业后从事英语教学工作。另外,根据过渡语理论,学习者可能有95%的人不能最终达到目的语的水平,其过渡语中的某些语言项目、语法规则和系统知识还没有达到目的语状态时就停止发展,某些语言错误会作为一种语言习惯固定下来,进一步学习也不能改正,这就是所说的僵化现象(fossilization)。在这一点上,教师也是学习者,只不过相对学生距离目的语近而已,所以大多数教师所使用的也是过渡语,在教师身上也会出现语言僵化的现象。一方面,教师往往是学生的模仿对象,教师的过渡语在耳闻目睹中被学生模仿、接受,长此以往难免形成僵化,特别是语音和语用僵化;另一方面,由于教师外语水平有限,对学生不正确的语言输出难以给予及时、正确的纠正和调整。因此,教师有限的英语水平很可能造成整个班级在某些语言项目上的群体僵化。在我国,外语学习者之间及他们与教师的外语交流主要是通过过渡语来实现的,由于教师和学生之间的交际有限,学习者间的过渡语话语就成为他们提高语言技能的重要手段(范烨,2002),而且有研究表明,学生之间过渡语错误明显多于学生同教师或学生同本族语使用者之间过渡语错误(Wong-Fillmore,1992),如不及时调整,很容易形成僵化,限制学生英语综合能力的发展。英语教材在教学中的作用是非常重要的,但由于教材编写复杂、费时,教材内容往往存在滞后性,再加上受教材篇幅有限、教材语言不得体甚至错误等因素的制约,教材根本不能充分满足学生英语输入的实际需要。

所以,举办英语讲座、观看英语题材的影视节目和开设英语电台等大学英语第二课堂活动,可以使学生接触更多新颖、地道的、实用的英语素材,使学生的英语输入不断丰富和优化。

13.2.2　第二课堂为学生提供更多英语输出机会

语言学习的过程就是一个语言输入—语言加工—语言输出的过程。学习中仅有语言的输入和加工,语言知识就是死的;语言知识只有在不断地使用和交际中,才能被消化吸收,即输入的语言知识需要输出来盘活(蔡基刚,2006:150)。由于受课时和教学需要限制,大学英语课堂不能给学生提供足够的英语输出机会,即使用英语的机会。而学生缺乏学习和使用第二语言的机会是形成过渡语僵化的一个重要原因(Ellis,1999:354)。由于种种原因,在中国,课堂是英语学习和交际的主要的,甚至唯一场所。因为大部分课堂时间被教师占用,学生失去了本来就少的语言输出机会,特别是口语输出机会。一方面,一些语言错误得不到及时有效的调整或纠正,形成错误僵化;另一方面,新学的语言知识不能得到及时的验证、提炼和转化,某些外语能力停留在表面,不能进一步巩固和提高,造成过渡语能力的僵化。根据Swain(1985)(引自戴炜栋等,2004),输出在第二语言习得中起着非常重要的地位。首先,与输入相比,输出使学习者对语言进行更深的处理,并付出更多的努力;其次,输出在学习过程中可充当验证假设的过程;第三,输出能发展学习者的自动化技能;第四,输出能发展学习者会话技能;第五,输出能培养学习者表达自己的观点。我国学生外语运用能力,特别是口头表达能力不理想,与缺乏输出机会有很大关联。所以,开办口语角、英语戏剧表演和英语演讲等第二课堂,可以弥补学生课堂上英语输出机会的不足,增强他们参与和自主学习意识,提高英语学习和教学的效率。

13.2.3　第二课堂体现对学生个体差异的尊重

外语学习存在个体差异(梅德明等,2004:173),但过去比较侧重于对学生共性的研究,而对学生的个体差异则研究不够,若只重视学生的共性认知发展,忽视学生个性发展,就会按照统一的标准要求学生,从而限制了学生的天赋才能和兴趣爱好的发展(华国栋,2002)。大学生的学习能力、智力水平、个性、学习动机和自身要求等无不是影响他们英语学习的重要因素,在英语学习方面,他们不可能处于同一层次上,即分别处于不同的过渡语阶段上。实践表明,传统的以院系或自然班为单位进行英语教学,没有充分考虑学生的个体差异,采用统一的教学模式、教学内容和评价方式,其结果基础差的学生感觉很吃力,基础好的学生感觉"在浪费时间",这既不利于调动学生学习英语的积极性,又不利于发挥学生自主学习的能动性,更不利于培养学生的英语综合应用能力。多维的大学英语第二课堂,可以打破传统课堂教学的时空限制,为学生在学习内容和学习方式等方面提供更多的选择机会,满足他们英语学习的个性需求,激发他们英语学习的兴趣,这对减少和克服过渡语僵化,加速英语学习进程十分重要。

13.2.4　第二课堂是实施大学英语后续教学的重要探索

　　二语学习是阶段性的,分层次的。学习者学习第二语言所花费的时间可能长短各异,但所经历的过渡语发展阶段十分相似(Ellis,1999:21)。过渡语本身是一种动态系统,向目的语靠近的过程不是直线的,而是曲折的,具有回复性的特点(backsliding)。过渡语发展过程中,相邻的两个阶段总会有重叠的现象,上个阶段的认知技能是下个阶段的一部分,从一个阶段到另一阶段复杂程度递增,任何一个阶段都不能避而不走(王改燕,2002)。尽管通过大学英语四级甚至更高级别的学生已经具备一定的书面交际和听力能力,特别是在阅读方面已经达到了比较高的水平,但尚不能满足实际工作、生活的需要,他们所掌握的语言的很多方面仍然处在过渡语的相应阶段上,距目的语仍有很大的距离。由于各种原因,在四年的大学生活中,很多学生在完成两年大学英语学习后,特别是通过全国英语四级统考后,基本上停止了英语的深造和提高,经过千辛万苦获得的英语能力逐渐后退。通过全国英语四、六级统考后就停止英语学习,既不符合语言学习的认知规律,也违背了英语教学的真正目的,同时造成各类教育资源的极大浪费(郭继东,2005)。所以,丰富多彩的英语第二课堂可以为学生提供继续英语学习和实践的机会,使他们真正做到大学四年英语学习不断线,不断巩固和提高英语综合运用能力。

13.3 当前大学英语第二课堂教学面临的问题及对策

随着传统的课堂外语教学不足和问题的不断显露,国内学者对外语第二课堂教学给予越来越多的认可和重视,并从多角度对其进行了研究,但绝大部分成果都集中在对外语第二课堂教学的重要性和具体外语第二课堂教学形式的探讨。归结起来,人们认为外语第二课堂是课堂外语教学的延伸,可以创造更浓厚的外语学习氛围,可以创造接近真实的语境,是学生了解外国文化的窗口,是确保大学外语后续教学的重要途径,是校园文化建设的重要力量等等。对于外语第二课堂教学的具体形式,除了上述以外,研究者们还提到了外语网站、外语文化节、相关讲座、各类相关比赛等等。

显然,同类研究很少涉及当前第二课堂外语教学过程中出现的问题,而对这些问题的研究和解决,是创建健康、持续、高效的第二课堂外语教学模式所不能回避的。如果相关问题不能得到解决,无论第二课堂外语教学多么必要,其作用也不能得到真正的发挥,利用外语第二课堂为学生创建外语学习和运用的环境,培养学生的外语综合运用能力,特别是听说能力的目标,便成了一句空话。去年我们对国内二十几所高校包括英语广播电台等形式的英语第二课堂教学情况进行了调研,发现大部分高校的师生对英语第二课堂的重要性持有非常积极的肯定态度,但各学校英语第二课堂教学不是很理想,主要存在以下几个问题。

13.3.1 参与的人数偏少,受益面较小

大学英语第二课堂教学是大学英语教学的重要组成部分,其教学对象应该是所有在校学生,但在实际操作过程中,只有很少的学生参与到英语第二课堂活动中,大部分学生没有从中获得英语语言文化知识的积累和应用能力的锻炼。以大学英语第二课堂活动中较常见的口语角和英语戏剧表演为例,其主要参与者是少数英语成绩较

好,特别是口语能力较强的学生,大部分学生干脆不参加,即使有的参加了,也只是被动地担当观众的角色。另外,参加大学英语第二课堂的多为一、二年级学生,高年级的学生由于已经结束了大纲规定的大学英语课程学习等原因,很难参加类似的学习活动,结果大学英语第二课堂成了少数学生英语"秀"的舞台,没有发挥其应有的作用。

13.3.2 师资力量配备不足,缺乏必要的指导和管理

和其他教学形式一样,大学英语第二课堂教学有其自身的理论依据和内在特点,必须按照其发展规律和遵照一定的客观要求进行,所以配备一定的师资力量对其进行系统的管理和正确的指导是十分必要的。但根据我们的调查,由于受到观念、资金不足和师资短缺等种种因素的制约,很多学校大学英语第二课堂教学没有配备长期、专门的教师进行指导和管理,尽管有不少英语教师出于职业的本能、对教学的热爱和对学生的关心,以各种形式对本校的英语第二课堂教学活动提供了一定的专业支持,做了一些积极有效的工作,应得到充分的肯定和鼓励,但这些工作几乎是义务的,随机性比较大,很难保证大学英语第二课堂教学的长期性、系统性和高效性。

13.3.3 活动场地等硬件配置不佳,学校资金扶持力度不足

目前学生第二课堂活动所需要的场地等硬件和设施配备处于学校的"边缘化"考虑的境地(严毛新,2006)。虽然很多高校有"学生活动中心"等建筑场所,有的场地和设备在所处位置和结构设计等方面比较适合大学英语第二课堂活动的开展,但这些场所往往被那些非第二课堂的活动占用,第二课堂活动只能在那些非第二课堂的活动的间隙中进行,而且一些场地的使用需要通过教务处、组织部和保卫处等部门层层审批,给大学英语第二课堂的开展带来了很大不便。另外,和其他教学活动一样,大学英语第二课堂也需要人力、物力和技术支撑。但各学校用于学生第二课堂经费的比例明显过低,用于英语第二课堂活动的经费就更少,客观上制约了大学英语第二课堂活动的开展。

13.4 解决上述问题的对策

13.4.1 更新英语教学和学习的观念,提升对大学英语第二课堂的认可度

由于种种原因,很多高校仍然比较重视英语的"工具性",对大学英语教学的学科属性缺乏明确的认识。开展丰富多彩的第二课堂活动,为学生创建更多的英语输入和输出的机会,是大学英语教学改革的重要内容,但还有很多人,甚至包括一些英语教师,由于已经习惯了长久以来沿袭的英语教学模式等原因,对大学英语教学改革的重要性认识不足。尽管学者们对大学英语第二课堂教学活动的重要意义已经进行了充分的论述,但一些高校的相关领导、英语教师和学生并未给予足够的重视,还有很多学生过分依赖教师教学,不擅长自主学习,对参加英语第二课堂活动有畏难情绪。英语教学的关键是"学生学",而不是"老师教"(黄建滨,2003),其本质是学生学的过程而不是教师教的过程(梅德明等,2004)。真正的知识是通过个体主观建构的,是每个学生在一定的情景下借助教师等的帮助,利用必要的学习资源,通过协作活动,并在已有知识和经验的基础上加以意义建构而成的。多维的大学英语教学第二课堂,可以打破传统课堂教学的时空限制,为学生在学习内容和学习方式等方面提供更多的选择机会,满足他们英语学习的个性需求,这对激发他们英语学习的兴趣,加速英语学习进程十分重要。

尽管形式不同,外语和母语一样,是人们用来进行交际、认识世界和艺术创作的有声符号系统,并不神秘。同时,外语学习是一个十分复杂的认知过程,学习者在学习和使用外语的过程中,难免犯各种各样的语言、语用错误。因此,对在学习和交际中犯的错误,不必大惊小怪,觉得丢了面子。况且外语学习的最终目的是进行交际,而不是为了自我炫耀,即便有时因语言错误受到别人无端的讥讽或不公正的对待,也不应灰心失望。当然,一旦认识到自己的语言或语用错误或失误,要敢于接受,并想办法找到和分析其原因,争取以后不犯或少犯同样的错误,如果能做到这一点,则意味着外语学习有了

进步。

所以大学英语教学必须遵循外语教学和学习的规律,突出学生的主体地位,帮助他们明确学习目标,尽可能为其创造和提供课内外英语学习和实践的机会,使他们能够对自己的学习负责,进行有针对性的、积极高效的自主学习。

以上问题势必对大学英语教学改革带来一定的负面效应,建议学校通过一定的形式,对大学英语第二课堂教学进行一定的宣传,使全校师生员工都能够正确认识大学英语教学和学习,明确大学第二课堂英语教学的重要意义,确保大学英语第二课堂教学工作卓有成效地进行。

13.4.2 把第二课堂教学纳入整个教学体系内,健全对教师工作和学生学习的评价体系

大学英语第二课堂教学是整个大学教育体系的重要组成部分,应该纳入学校教务管理部门的正常教学管理范围,使其名正言顺,否则就会成为可有可无的点缀,不会引起足够的重视,不能发挥应有的作用。

首先,被纳入整个教育体系后,大学英语第二课堂教学能够和其他课程一样,在资金投入、设备和场地的使用以及教学管理等方面得到必要的、及时的统筹安排,在硬件上保证大学英语第二课堂教学的有序性和持久性。

其次,大学英语第二课堂教学也需要大量的时间和精力投入,很多教师出于自身的职业道德、对学生和学校的热爱,不计报酬地为大学英语第二课堂教学做了很多工作。把大学英语第二课堂教学纳入整个教学体系,一方面可以对负责第二课堂英语教学教师的相应工作量进行合理的核算,对于他们的工作,特别是组织和负责第二课堂的一线教师的工作,给予充分认同,提高他们的工作积极性;另一方面,可以对他们指导大学英语第二课堂教学的过程和效果进行监督和考核,确保大学英语第二课堂教学的合理性和高效性。

最后,把大学英语第二课堂教学纳入整个教学体系,并建立与其相适应的、动态的评价体系,完善英语第二课堂的学分制度,对学生

参加第二课堂英语教学活动作统一的规定和客观的评价,学生应根据第二课堂具体的活动内容,结合自己的兴趣、特长和英语能力,合理安排参加英语第二课堂活动,并获取相应的学分。

13.4.3　尊重学生个体差异,实施大学英语第二课堂分层次教学

大学生的英语学习能力、智力水平、个性、学习动机和自身要求等无不是影响他们英语学习的重要因素。在教学实践中,由于缺乏必要的指导和管理,很多学校的大学英语第二课堂教学主观性比较大,没有充分考虑学生的个体差异,在内容和形式上缺乏必要的层次性。比如在第二课堂内容的选择方面,如果内容难度过大或过于专业,没有充分考虑到不同学生的语言水平和需求差异等因素,很多学生就会无力参与进来,这不仅违背了第二课堂活动吸引大部分学生参与、巩固和提高他们的英语综合运用能力的初衷,造成人力、物力和财力的浪费,更严重的是打击了学生学习英语的信心,降低了他们参与英语第二课堂活动的内驱力。

所以,在大学英语第二课堂教学内容和形式的设计以及具体的实施过程中,应尽量考虑和尊重学生个体差异,进行分层次教学。为了使分层次教学更加合理、有效,可以采用弹性的滚动教学机制,即一定时期后,各层次的学生经过测试后,按一定比例在各层次教学中转换,可上可下。这一方面增添学生学习动力,提高学习积极性,另一方面可以实现教学资源的合理配制。

13.5　结束语

随着外语教学改革的进一步深化,大学英语教学在指导思想、教学内容、教学方式、方法、教材等诸多方面均发生了明显的变化,人们越来越认识到第二英语课堂的重要性。多维的大学英语第二课堂可以打破英语学习和教学的时间和地点限制,把英语学习、教学和管理等环节有机结合起来,是全面培养学生听、说、读、写和翻译能力立体系统;可以使大学英语教学逐渐从结构主义过渡到交际功能主义,从以教师为中心逐渐过渡到以学生为中心,从词汇、语法教学逐渐过渡到主题教学,使学生在"用中学,学中用",提高英语学习的动机和兴

趣,培养自主学习能力,全面发展外语应用能力。

事实上,在建设大学英语第二课堂方面,各个高校的资源是相对充沛的,关键在于挖掘开发,转变观念,加强组织和管理。今后的大学英语学习和教学方式是多样化的,如何处理各种学习与教学内容和方式关系的问题也必须正视,这样才能殊途同归,真正达到提高学生英语能力的目的。

第十四章　儿童英语学习者过渡语研究

本章根据过渡语的有关理论,对中国儿童,特别是不同年龄、性别儿童英语学习者的过渡语,进行了探讨性的研究。结论为:①男女儿童过渡语水平无显著差异;②不同年龄儿童过渡语水平差异显著;③儿童过渡语以语义为核心,汉语特征明显。

14.1　引言

近年来,外语教学和学习研究的重点已从以教师为中心转移到以学习者为中心的方向上来。这种研究方向的转移所带来的一个重要结果,就是人们越来越关注学习者的语言系统,即学习者的过渡语系统。过渡语(interlanguage)(Selinker,1972)指的是外语学习过程中,学习者使用的介于母语和目的语之间的语言体系。它既具备学习者母语的特征,也带有其所学习的目的语的特点,并逐渐向目的语靠近。与过渡语相近的概念最早是由 Corder(1967)提出来的,Corder 把学习者尚未达到目的语能力的外语能力称为"过渡能力"(transitional competence),后来(1971)又称其为"特异方言"(idiosyncratic dialect)。Nemser(1971)把外语学习者使用的偏离目的语的语言系统称为"相似系统"(approximative system)。Selinker(1969)在国际会议上首次提出了 interlanguage 一词,后来(1972)发表了题为"Interlanguage"的论文,对这一概念进行了系统的阐述,确立了它在第二语言习得理论中的重要地位。

起先,过渡语理论主要用于对成人外语学习者语言系统的研究。但是,后来人们通过研究发现,在儿童学习外语的过程中,过渡语现象也同样出现。于是,Selinker 等(1975)把过渡语这一概念扩展到对儿童外语学习者语言系统的研究领域内。

本章根据上述过渡语的有关理论,对中国儿童英语学习者的过渡语进行了探讨性的研究。本研究主要目的在于揭示同等条件下不同年龄儿童过渡语水平是否存在差异;不同性别的儿童过渡语水平是否存在差异;上述各类儿童过渡语的结构特征;汉语对儿童英语学习的影响程度。

14.2 研究方法

14.2.1 被试

我们采用随机抽样的方式,从长春市某英语培训中心四个班100名小学生中抽取40名在该中心学习英语,而且学习时间相同的学生作为被试。该中心以学生报名的先后顺序,而不是按年龄分班。被试来自不同的家庭和学校背景,但都已在该中心学习了一年英语。他们使用相同的英语教材,由中国专业英语教师每星期教授四课时。一年后,由于各种原因,剩余有效被试36人,其性别和年龄情况见表14-1。

表 14-1 被试性别、年龄组别

年龄 性别	8	9	10	11	12	13	合计(人)
女	3	2	3	3	4	2	17
男	5	2	4	3	2	3	19
合计(人)	8	4	7	6	6	5	36

14.2.2 程序

首先,我们每两周对被试学生进行一次随班跟踪观察,以个人语料档案的形式分别记录他们英语语言行为。一年后,我们把所有记录资料汇总归类,量化处理。但考虑到外语学习者的课堂语言行为表现受诸多因素影响,我们又对所有的被试进行了统一的英语水平测试。测试内容由两部分组成。第一部分要求他们在90分钟内,把50个汉语短句翻译成英语,并且写出一篇题目为"My Friend(s)",不少于50字的英语短文。第二部分是口语测验,我们对被试分别进行了大约五分钟的英语口试。测试内容及其难度是根据他们所学课程设计的,但具体形式与教材不尽相同。经过分析,我们得出以下结论。

14.3 结论

14.3.1 男女儿童过渡语水平无显著差异

经过一年的跟踪观察和分析,我们发现,就个别学习者而言,男性被试过渡语水平略高;就整体而言,男女被试过渡语水平并无较大差异。为了进一步说明问题,我们对被试在测试中所犯语言错误进行了分类和统计分析。测试后,我们一共得到 2108 个英语句子或句段,其中 672 个有错误,各类错误共计 999 个(有的句子有多处错误)。其中,19 名男性被试 541 个,平均 28.49 个,标准差为 10.20;17 名女性被试 45 个,平均 26.94 个,标准差为 9.24。似乎女性儿童的过渡语水平较高。但是,随后的 T 检验表明(t=1.691,p>.05),男女被试整体过渡语错误率无显著差异,即过渡语水平极其相近。

14.3.2 不同年龄儿童过渡语水平

在观察中我们注意到,各年龄段被试的过渡语发展很不平衡,特别在语法和词汇方面,年龄大的进步较快。测试后,我们按年龄的大小把被试分成六组(ABCDEF),然后对其错误量进行方差分析(ANOVA)。方差分析表明,各年龄组被试的过渡语水平差异非常显著(p<.01),年龄大的明显优于年龄小的。随后我们用 q 检验测定了各年龄组过渡语水平的具体差异程度,如表 14 - 2。

表 14 - 2 各年龄组平均错误数比较

	$\overline{X_A}$ 16.2	$\overline{X_B}$ 22.83	$\overline{X_C}$ 21.5	$\overline{X_D}$ 29.57	$\overline{X_E}$ 35
$\overline{X_B}$ 22.83	6.63				
$\overline{X_C}$ 21.5	5.3	−1.33			

	$\overline{X_A}$ 16.2	$\overline{X_B}$ 22.83	$\overline{X_C}$ 21.5	$\overline{X_D}$ 29.57	$\overline{X_E}$ 35
$\overline{X_D}$ 29.57	13.77**	6.74	8.07		
$\overline{X_E}$ 35	18.8**	12.17*	13.55**	5.43	
$\overline{X_F}$ 38.13	21.93**	15.3**	17.33**	8.56*	3.13

（$\overline{X}$＝平均数；A～F＝13-8 岁；＊ ＝ 显著，＊＊ ＝ 十分显著）

从表 14－2 中我们不难看出，各组被试小学生的年龄跨度越大，过渡语水平差异越显著。

14.3.3 儿童过渡语以语义为核心

通过观察和研究我们发现，被试似乎比较注重英语语义的传达，而不太留意语言的结构和形式。在他们的过渡语中，断句或句段频繁出现，甚至有的句子只有一两个单词，功能词非常有限。虽然被试儿童过渡语语言结构简洁，且其中有各种各样的错误，却并不构成交际障碍，因为其中 90%以上的句子或句段是可以理解的，而且语义较明确。以下是在口试中，被试常用的表达形式，儿童过渡语结构简洁，以语义为核心的特点从此可见一斑（I＝口试教师，S＝被试学生）。

I：What's your English name?

S：Lucy.

I：How old are you，Lucy?

S：(I'm) ten.

I：What grade are you in?

S：(I'm) Grade 4.

I：What's your father?

S：(I father) teacher.

I:...
S:...

14.3.4 儿童过渡语汉语特征明显

被试儿童在学习英语过程中,受汉语很大影响,其过渡语带有明显的汉语特征。首先,他们的过渡语在结构上有明显的汉语特征。在英语中,几乎所有的句子都以主语开始,而且主语和谓语在单复数关系上应保持一致。然而,在汉语中,主语的概念较英语弱,在表述句子结构方面,主题的概念似乎更重要一些。因此在汉语中,一个主语后面跟有几个谓语动词的现象,不足为奇。我们在研究中发现,被试的许多英语句子是以汉语的结构方式写成的。以下选自一个被试儿童题为"My Good Friend"的作文:"Tom is my good friend, 10 years old, 4 grade. Tom like English very much, he class he English best...."。

另外,对被试过渡语错误的统计分析表明,在各类错误中,至少有40%与汉语有关,其汉语痕迹非常明显。

14.4 讨论

性别因素是外语教学和学习研究中的重要变量,越来越受到人们的关注。有研究表明,在外语学习中,女性学习者的成绩明显优于男性学习者。例如,Boyle(1987)经过研究发现,中国香港的女大学生在外语学习方面,比男大学生成功得多。我国学者吴一安等(1993),也同样发现英语专业女生的成绩明显好于男生。他们认为,女性学习者比较容易对外语产生兴趣,学习态度积极;另外,她们有较大的就业焦虑感。Ellis(1994)指出,女性学习者可能认为外语对就业有很大的作用,因此在学习中带有很大就业目的性。本项研究中的被试最大年龄不超过13周岁,与性别有关的差异不如成人外语学习者那样明显或具有影响。尽管他们的过渡语水平无显著差异,但是有女性儿童整体表现稍佳的迹象或趋势。

过渡语理论和早期有关外语学习年龄差异的研究表明,不同年龄的学习者所经历的学习阶段相同,但学习速度不一样(Ellis,

1985)。Krashen 等（1979）发现，在外语学习中，年龄大的儿童比年龄小的学得快。Richards 等（1974）认为，年龄是影响过渡语的重要因素之一，过渡语反映学习者年龄的特征。随着年龄的增长，儿童的记忆能力不断增强，他们获得的抽象概念越来越多，因此分析和解决问题的能力就随之增大。一般而言，年龄大的儿童经验相对丰富，他们有能力对所学的语言进行抽象思维，对语言进行概念化。因此在外语学习中，年龄大的儿童比年龄小的儿童身心上准备充分，学习效果较好。

被试儿童过渡语以语义为核心及母语痕迹明显的特点，表明他们对目的语的了解是有限的和不系统的。儿童外语学习者在试图表达自己时，有限的目的语知识还不足以使其兼顾到目的语的各个层面，他们注意力往往集中于语义上面，因为语义在交际中最有价值。另外，由于他们对目的语规则体系尚未熟悉，为了完成某种表达需要，常常有意无意地求助于母语的规则体系，即按母语规则直接翻译目的语。

14.5　结束语

过渡语的研究十分重要，最明显表现在课堂外语教学方面。对学习者过渡语的研究，可以为教师提供反馈信息。根据获得的反馈信息，教师可以判定教材和教法的有效程度；同时通过对学习者过渡语的分析，教师也可以了解所使用的教学大纲是否适合或需要完善。过渡语研究表明，第二语言学习者经历极其相似的发展阶段，犯错误是学习过程中必不可少的组成部分。为此，在学习中，应树立现实合理的目标。

进入新世纪以来，我国的国际经济、政治等领域的地位不断攀升，社会各界对英语教学也有了更新的、更科学的认识，同时也对其提出更高的要求，寄予了更大的期望。在此新形势下，国家教育部于2001年发布《关于积极推进小学开设英语课程的指导意见》，要求从2001年秋天开始，全国城市和县城小学逐步开设英语课程，2002年秋季，乡镇所在的小学逐步开设英语课程。之后不久，教育部又制定了《全日制义务教育、普通高级中学英语课程标准》，将中、小学英语课程目标设定为九个级别,其中规定从小学三年级起开设英语课,六年级结束时应达到二级要求。中、小学英语教学面临新的机遇和考验。然而,由于种种原因,我国中、小学英语教学还存在各种不能回避的问题,如教师英语水平参差不齐,缺乏必备的科研能力,不能根据具体情况,有针对性地借鉴和吸收先进的英语教学理论;缺乏对儿童英语学习者语言体系正确认识;在教学方面,以词汇和语法教学为主,对听说能力重视不足;对学生个体差异重视不足,教学方法单一陈旧,不能满足不同阶段的教学要求等等。鉴于中、小学英语教学在我国整个义务教育体系中的重要地位,结合我国外语教学和研究的具体情况,我们认为要做好以下工作:

(1)探讨儿童汉英过渡语特点,丰富和完善过渡语理论,更好地为教学服务。

自从 20 世纪 80 年代初期过渡语理论被引进中国以来,人们从不同的角度对英语学习者的过渡语体系进行了研究,但多以大学英语学习者为研究对象,而且多为非纵向、非实证的研究。对儿童汉英过渡语进行实证、纵向的研究,分析中国儿童英语学习者语言系统模式,发现其规律性,找到存在的问题,提出解决方法,并把研究成果运用到教学中去,对于提高中、小学英语学习效率和英语教学水平,丰富和完善过渡语理论,都有着十分重要的意义。

(2)研究和检验情感因素在中、小学英语教学中的地位,探索情感英语教学模式。

动机、态度、焦虑和移情等情感因素是影响外语学习的重要因素之一,消极的情感因素对过渡语的发展有很大的制约作用。中、小学生处在情感、认知等阶段的活跃期,如果其情感活动规律遭到破坏,某些问题得不到关注或解决,他们就会出现某种情感紊乱,容易犯各种各样的错误,最后造成英语学习停滞不前,形成僵化,严重影响英语学习效果。所以,正确认识情感因素在英语教学中的地位,探索情感英语教学模式,发挥情感因素在中、小学英语教学中的积极作用,意义十分重大。

(3)探索高校外语教学理论研究与中、小学外语教学实践结合的有效模式,为中、小学外语教师提供理论依据和实践指导,培养和提

高他们的科研和教学水平。

我国中、小学师资状况距普及英语教学师资配备有比较大的差距,尤其是小学英语教师中有相当一部分是非英语专业或未经英语教学专业培训的教师。这些教师本身英语基础薄弱,科研意识和科研能力不强,理论水平较低,在教学中很难运用最新的英语教学理论,致使英语教学质量难以从根本上得到提高。另外,高校外语教学研究多集中在理论的探讨,缺乏在实践的基础上对理论研究成果的再认识。所以,高等院校和中、小学有必要联合起来,发挥高等院校在英语教学理论研究方面的优势,对儿童英语学习者过渡语进行研究,探索适合儿童语言心理和社会心理的教学方法,培养中、小学英语教师英语教学科研能力,指导他们的具体英语教学实践,力争以教学促进科研,以科研带动教学,提高英语教学效果;中、小学为高校的理论研究提供反馈,克服英语教学理论与实践脱节的弊端,为推动我国英语教学理论研究和教学实践快速发展,真正实现大、中、小学一条龙的英语教学模式。

本研究被试在英语学习中所犯的典型错误

(1) Errors made in use of verbs

They is friends. (is instead of are)

He look like his father. (look instead of looks)

He is like English. (is like instead of likes)

They good friends. (omission of are)

My friend can sings English songs. (wrong form after modal verb)

Lucy and Lilly are come from America. (be ＋ verb for verb)

The boy reading a book. (omission of is)

She doesn't likes math. (wrong form after do)

(2) Errors made in use of personal pronouns

My like English. (My instead of I)

He's father is a worker. (he's instead of his)

He mother is a teacher. (he instead of his)

Her is 13 years old. (her instead of she)

He is a nice girl. (he instead of she)

Those books are their. (their instead of theirs)

My parents love I very much. (I instead of me)

Is you mother a teacher? (you instead of your)

(3) Errors made in use of articles

Tom is English boy. (omission of an)

Tom is a English boy. (a instead of an)

Sun is round. (omission of the)

Mr. Baker is good teacher. (omission of a)

He is an good boy. (an instead of a)

I'm in 4th grade. (omission of the)

(4) Errors made in use of prepositions

May I look your pen? (omission of at)

We go school everyday. (omission of to)

Let's go to home. (go to home instead of go home)

What's that with English? (with instead of in)

There is a bird on the tree. (on instead of in)

He's Grade 4. (omission of in)

We don't go to school Sundays. (omission of on)

(5) Errors made in plural ending

There are 43 student... (omission of plural ending)

There are 4 peoples in my family. (wrong use of unmarked plural)

Those boxs are over there. (wrong forms of plural noun)

(6) Confusion of adverb and adjective

Lucy speaks English very good. (good instead of well)

(7) Errors made in the use of questions

He is in Grade Two? (omission of inversion)

They are who? (omission of inversion)

How many goats you see? (omission of do)

What they are doing? (omission of inversion)

Do she like English? (do instead of does)

(8) Errors made in the use of negative structure

He no is in my class. (no is instead of is not)

She not is in my class. (not is instead of is not)

That not my book. (not instead of is not)

I am not like English. (be not instead of do not)

（9）Errors made in the use of punctuation marks

I have 4 friends，Tom、Tack、Ben and Lucy。（"。"instead of". "
and "、"instead of","）

附　　录

2012 年 6 月大学英语四级考试题

Part Ⅰ Writing（30minutes）

Directions： *For this part，you are allowed* 30 *minutes to write a short essay entitled Excessive Packaging following the outline given below．You should write at least* 120 *words but no more than* 180 *words．*

1．目前许多商品存在过度包装的现象
2．出现这一现象的原因
3．我对这一现象的看法和建议

On Excessive Packaging

Part Ⅱ Reading Comprehension（Skimming and Scanning）（15minutes）

Directions： *In this part，you will have* 15 *minutes to go over the passage quickly and answer the questions on* **Answer sheet 1** *．For questions* 1 – 7，*choose the best answer from the four choices marked A），B），C）and D）．For questions* 8 – 10，*complete the sentences with the information given in the passage．*

Small Schools Rising

This year's list of the top 100 *high schools shows that today， those with fewer students are flourishing．*

Fifty years ago, they were the latest thing in educational reform: big, modern, suburban high schools with students counted in the thousands. As baby boomers (二战后婴儿潮时期出生的人) came of high-school age, big schools promised economic efficiency, a greater choice of courses, and, of course, better football teams. Only years later did we understand the trade-offs this involved: the creation of excessive bureaucracies (官僚机构), the difficulty of forging personal connections between teachers and students. SAT scores began dropping in 1963; today, on average, 30% of students do not complete high school in four years, a figure that rises to 50% in poor urban neighborhoods. While the emphasis on teaching to higher, test-driven standards as set in No Child Left Behind resulted in significantly better performance in elementary (and some middle) schools, high schools for a variety of reasons seemed to have made little progress.

Size isn't everything, but it does matter, and the past decade has seen a noticeable countertrend toward smaller schools. This has been due, in part, to the Bill and Melinda Gates Foundation, which has invested $1.8 billion in American high schools, helping to open about 1,000 small schools—most of them with about 400 kids each with an average enrollment of only 150 per grade. About 500 more are on the drawing board. Districts all over the country are taking notice, along with mayors in cities like New York, Chicago and San Diego. The movement includes independent public charter schools, such as No.1 BASIS in Tucson, with only 120 high-schoolers and 18 graduates this year. It embraces district-sanctioned magnet schools, such as the Talented and Gifted School, with 198 students, and the Science and Engineering Magnet, with 383, which share a building in Dallas, as well as the City Honors School in Buffalo, N. Y., which grew out of volunteer evening seminars for students. And it includes alternative schools with students selected by lottery（抽签）, such as H-B Woodlawn in Arlington, Va. And most noticeable of all, there is the phenomenon of large urban and suburban high schools that have split up into smaller units of a few hundred, generally housed in the same grounds that once boasted thousands of students all marching to the same band.

Hillsdale High School in San Mateo, Calif, is one of those, ranking No. 423—among the top 2% in the country—on Newsweek's annual ranking of America's top high schools. The success of small schools is apparent in the listings. Ten years ago, when the first Newsweek list based on college-level test participation was published, only three of the top 100 schools had graduating classes smaller than 100 students. This year there are 22. Nearly 250 schools on the full, Newsweek list of the top 5% of schools nationally had fewer than 200 graduates in 2007.

Although many of Hillsdale's students came from wealthy households, by the late 1990, average test scores were sliding and it had earned the unaffectionate nickname（绰号）"Hillsjail". Jeff Gilbert, a Hillsdale teacher who became principal last year, remembers sitting with other teachers watching students file out of a graduation ceremony and asking one another in astonishment, "How did that student graduate?"

So in 2003 Hillsdale remade itself into three "houses", romantically named Florence, Marrakech and Kyoto. Each of the 300 arriving ninth graders are randomly（随机地）assigned to one of the houses, where they will keep the same four core subject teachers for two years, before moving on to another for 11th and 12th grades. The closeness this system cultivates is reinforced by the institution of "advisory" classes teachers meet with students in groups of 25, five mornings a week, for open-ended discussions of everything from homework problems to bad Saturday-night dates. The advisers also meet with students privately and stay in touch with parents, so they are deeply invested in the students' success. "We're constantly talking about one another's advisers", says English teacher Chris Crockett, "If you hear that yours isn't doing well in math, or see them sitting outside the dean's office, it's like a personal failure." Along with the new structure came a more demanding academic program, the percentage of freshmen taking biology jumped from 17 to 95. "It was rough for some. But by senior year, two-thirds have moved up to physics", says Gilbert, "Our kids are coming to school in part because they know there are adults here who know them and care for them." But not all schools show advances after downsizing, and it remains to be seen whether smaller schools will be a cure-all solution.

The Newsweek list of top U. S. high schools was made this year, as in years past, according to a single metric, the proportion of students taking college-level exams. Over the years this system has come in for its share of criticism for its simplicity. But that is also its strength: it's easy for readers to understand, and to do the arithmetic for their own schools if they'd like.

Ranking schools is always controversial, and this year a group of 38 superintendents（地区教育主管）from five states wrote to ask that their schools be excluded from the calculation. "It is impossible to know which high schools are 'the best' in the nation," their letter read, in part. "Determining whether different schools do or don't offer a high quality of education requires a look at man different measures, including students' overall academic accomplishments and their subsequent performance in college, and taking into consideration the unique needs of their communities."

In the end, the superintendents agreed to provide the data we sought, which is, after all, public information. There is, in our view, no real dispute here; we are all seeking the same thing, which is schools that better serve our children and our nation by encouraging students to tackle tough subjects under the guidance of gifted teachers. And if we keep working toward that goal, someday, perhaps a list won't be necessary.

注意：此部分试题请在答题卡 1 上作答。

1. Fifty years ago, big modern, suburban high schools were established in the hope of _____ .
   A) ensuring no child is left behind
   B) increasing economic efficiency
   C) improving students' performance on SAT
   D) providing good education for baby boomers
2. What happened as a result of setting up big schools?
   A) Teachers' workload increased.
   B) Students' performance declined.
   C) Administration became centralized.
   D) Students focused more on test scores.
3. What is said about the schools funded by the Bill and Melinda Gates Foundation?
   A) They are usually magnet schools.
   B) They are often located in poor neighborhoods.
   C) They are popular with high-achieving students.
   D) They are mostly small in size.
4. What is most noticeable about the current trend in high school education?
   A) Some large schools have split up into smaller ones.
   B) A great variety of schools have sprung up in urban and suburban areas.

C) Many schools compete for the Bill and Melinda Gates Foundation funds.

D) Students have to meet higher academic standards.

5. Newsweek ranked high schools according to _____.

A) their students' academic achievement

B) the number of their students admitted to college

C) the size and number of their graduating classes

D) their college-level test participation

6. What can we learn about Hillsdale's students in the late 1990s?

A) They were made to study hard like prisoners.

B) They called each other by unaffectionate nicknames.

C) Most of them did not have any sense of discipline.

D) Their school performance was getting worse.

7. According to Jeff Gilbert, the "advisory" classes at Hillsdale were set up so that students could _____.

A) tell their teachers what they did on weekends

B) experience a great deal of pleasure in learning

C) maintain closer relationships with their teachers

D) tackle the demanding biology and physics courses

8. _____ is still considered a strength of Newsweek's school ranking system in spite of the criticism it receives.

9. According to the 38 superintendents, to rank schools scientifically, it is necessary to use _____.

10. To better serve the children and our nation, schools students to take _____.

Part Ⅲ Listening Comprehension (35minutes)

Section A

Directions: *In this section you will hear 8 short conversations and 2 long conversations. At the end of each conversation, one or more questions will be asked about what was* *said. Both the conversation and the questions will be spoken only once. After each question there will be a pause. During the pause, you must read the four choices marked A), B), C) and D), and decide which is the best answer. Then mark the corresponding letter on **Answer sheet 2** with a single line through the centre.*

注意：此部分试题请在答题卡 2 上作案。

11. A) Trying to sketch a map.　　　C) Discussing a house plan.
　　B) Painting the dining room.　　D) Cleaning the kitchen.

12. A) She is tired of the food in the canteen.
　　B) She often eats in a French restaurant.
　　C) She usually takes a snack in the KFC.
　　D) She is very fussy about what she eats.

13. A) Listening to some loud music.
　　B) Preparing for an oral examination.
　　C) Talking loudly on the telephone.
　　D) Practicing for a speech contest.

14. A) The man has left a good impression on her family.
　　B) The man can dress casually for the occasion.
　　C) The man should buy himself a new suit.
　　D) The man's jeans and T-shirts are stylish.

15. A) Grey pants made from pure cotton.
　　B) Fashionable pants in bright colors.
　　C) 100% cotton pants in dark blue.
　　D) Something to match her brown pants.

16. A) Its price.　　　　　　C) Its comfort.
　　B) Its location.　　　　D) Its facilities.

17. A) Travel overseas.　　　C) Take a photo.
　　B) Look for a new job.　　D) Adopt a child.

18. A) It is a routine offer.　　C) It is quite healthy.
    B) It is new on the menu.　　D) It is a good bargain.

Questions 19 to 22 are based on the conversation you have just heard.

19. A) Hosting an evening TV program.
    B) Having her bicycle repaired.
    C) Lecturing on business management.
    D) Conducting a market survey.
20. A) He repaired bicycles.
    B) He served as a consultant.
    C) He worked as a salesman.
    D) He coached in a racing club.
21. A) He wanted to be his own boss.
    B) He found it more profitable.
    C) He didn't want to start from scratch.
    D) He didn't want to be in too much debt.
22. A) They work five days a week.
    B) They are all the man's friends.
    C) They are paid by the hour.
    D) They all enjoy gambling.

Questions 23 to 25 are based on the conversation you have just heard.

23. A) It has gradually given way to service industry.
    B) It remains a major part of industrial activity.
    C) It has a history as long as paper processing.
    D) It accounts for 80 percent of the region's GDP.
24. A) Transport problems.　　C) Lack of resources.
    B) Shortage of funding.　　D) Poor management.
25. A) Competition from rival companies.
    B) Product promotion campaigns.
    C) Possible locations for a new factory.

D）Measures to create job opportunities.

Section B

Directions：*In this section you will hear 3 short passages. At the end of each passage, you will hear some questions. Both the passage and the questions will be spoken only once. After you hear a question, you must choose the best answer from the four choices marked A), B), C) and D). Then mark the corresponding letter on **Answer sheet 2** with a single line through the centre.*

注意：此部分试题请在答题卡 2 上作答。

Passage One

Questions 26 to 28 are based on the passage you have just heard.

26. A）They shared mutual friends in school.
    B）They had known each other since childhood.
    C）They shared many extracurricular activities.
    D）They had many interests in common.

27. A）At a local club.　　　　C）At the sports center.
    B）At Joe's house.　　　　D）At the boarding school.

28. A）Durable friendships can be very difficult to maintain.
    B）One has to be respectful of other people in order to win respect.
    C）It is hard for people from different backgrounds to become friends.
    D）Social divisions will break down if people get to know each other.

Passage Two

Questions 29 to 31 are based as the passage you have just heard.

29. A) Near the entrance of a park.

    B) In his building's parking lot.

    C) At a parking meter.

    D) At a street corner.

30. A) It had been taken by the police.

    B) It had keen moved to the next block.

    C) In had been stolen by someone.

    D) It had been parked at a wrong place.

31. A) At the Greenville center.

    C) In a neighboring town.

    B) At a public parking lot.

    D) In the city garage.

Passage Three

Questions 32 to 35 are based on the passage you have just heard.

32. A) Famous creative individuals.

    B) The mysteriousness of creativity.

    C) A major scientific discovery.

    D) Creativity as shown in arts.

33. A) It is something people all engage in.

    B) It helps people acquire knowledge.

    C) It starts soon after we are born.

    D) It is the source of all artistic work.

34. A) Creative imagination.　　　C) Natural curiosity.

    B) Logical reasoning.　　　D) Critical thinking.

35. A) It is beyond ordinary people.

    B) It is yet to be fully understood.

    C) It is part of everyday life.

    D) It is a unique human trait.

Section C

Directions: *In this section, you will hear a passage three times. When the passage is read for the first time, you should listen carefully for its general idea. When the passage is read for the second time, you are required to fill in the blanks numbered from 36 to 43 with the exact words you have just heard. For blanks numbered from 44 to 46 you are required to fill in the missing information. For these blanks you can either use the exact words you have just heard or write down the main points in your own words. Finally, when the passage is read for the third time, you should check what you have written.*

注意：此部分试题请在答题卡 2 上作答。

Students have been complaining more and more about stolen property. Radios, cell phones, bicycles, pocket (36) _____, and books have all been reported stolen. Are there enough campus police to do the job?

There are 20 officers in the Campus Security Division. Their job is to (37) _____ crime, accidents lost and found (38) _____, and traffic problems on campus. More than half of their time is spent directing traffic and writing parking tickets. (39) _____ promptly to accidents and other (40) _____ is important, but it is their smallest job.

Dealing with crime takes up the rest of their time. Very (41) _____ do any violent crimes actually (42) _____. In the last five years there have been no(43) _____, seven robberies and about 60 other violent attacks, most of these involving fights at parties. On the other hand, (44) _____

_____ , which usually involves breaking

windows or lights or writing on walls. The thefts are not the carefully planned burglaries（入室盗窃）that you see in movies. (45) _____ .

Do we really need more police? Hiring more campus police would cost money, possibly making our tuition go up again. (46) _____ .

Part Ⅳ Reading Comprehension (Reading in Depth) (25 minntes)
Section A

Directions: *In this section, there is a passage with ten blanks. You are required to select one word for each blank from a list of choices given in a word bank. Read the passage through carefully before making your choices. Each choice in the bank is identified by a letter. Please mark the corresponding letter for each of them on **Answer Sheet 2** with a single line through the centre. You may not use any of the words in the bank more than once.*

Questions 47 to 56 are based on the following passage.

One in six. Believe it or not, that's the number of Americans who struggle with hunger. To make tomorrow a little better, Feeding America, the nation's largest ___47___ hunger-relief organization, has chosen September as Feeding Action Month. As part of its 30 Ways in 30 Days program, It's asking ___48___ across the country to help the more than 200 food banks and 61,000 agencies in its network provide low-income individuals and families with the fuel they need to ___49___ .

It's the kind of work that's done every day at St. Andrew's Episcopal Church in San Antonio, People who ___50___ at its front door on the first and third Thursdays of each month aren't looking for God—they're there for something to eat. St. Andrew's runs a food pantry（食品室）that ___51___ the city and several of the ___52___ towns. Janet Drane is its manager.

In the wake of the ___53___ . the number of families in need of food assistance began to grow. It is ___54___ that 49 million Americans are unsure of where they will find their next meal. What's most surprising is that 36% of them live in ___55___ where at least one adult is working. "It used to be that one job was all you needed," says St. Andrew's Drane. "The people we see now have three or four part-time jobs and they're still right on the edge ___56___ ."

注意：此部分试题请在答题卡 2 上作答。

A) survive	F) recession	K) domestic
B) surrounding	G) households	L) competition
C) serves	H) gather	M) communities
D) reviewed	I) formally	N) circling
E) reported	J) financially	O) accumulate

Section B

Directions： *There are 2 passages in this section. Each passage is followed by some questions or unfinished statements. For each of them there are four choices marked A), B), C) and D). You should decide on the best choice and mark the corresponding letter on **Answer Sheer 2** with a single line through the centre.*

Passage One

Questions 57 to 61 are based on the following passage.

In times of economic crisis，Americans turn to their families for support. If the Great Depression is any guide, we may see a drop in our skyhigh divorce rate. But this won't necessarily represent an increase in happy marriages. In the long run, the Depression weakened American families, and the current crisis will probably do the same.

We tend to think of the Depression as a time when families pulled together to survive huge job losses. By 1932, when nearly one-quarter of the workforce was unemployed, the divorce rate had declined by around 25% from 1929. But this doesn't mean people were suddenly happier with their marriages. Rather, with incomes decreasing and insecure jobs, unhappy couples often couldn't afford to divorce. They feared neither spouse could manage alone.

Today, given the job losses of the past year, fewer unhappy couples will risk starting separate households. Furthermore, the housing market meltdown will make it more difficult for them to finance their separations by selling their homes.

After financial disasters family members also tend to do whatever they can to help each other and their communities. A 1940 book, *The Unemployed Man and His Family*, described a family in which the husband initially reacted to losing his job "with tireless search for work". He was always active, looking for odd jobs to do.

The problem is that such an impulse is hard to sustain. Across the country, many similar families were unable to maintain the initial boost in morale (士气). For some, the hardships of life without steady work eventually overwhelmed their attempts to keep their families together. The divorce rate rose again during the rest of the decade as the recovery took hold.

Millions of American families may now be in the initial stage of their responses to the current crisis, working together and supporting one another through the early months of unemployment.

Today's economic crisis could well generate a similar number of couples whose relationships have been irreparably (无法弥补地) ruined. So it's only when the economy is healthy again that we'll begin to see just how many broken families have been created.

注意：此部分试题请在答题卡 2 上作答。

57. In the initial stage，the current economic crisis is likely to _____.

    A）tear many troubled families apart

    B）contribute to enduring family ties

    C）bring about a drop in the divorce rate

    D）cause a lot of conflicts in the family

58. In the Great Depression many unhappy couples close to stick together because _____.

    A）starting a new family would be hard

    B）they expected things would turn better

    C）they wanted to better protect their kids

    D）living separately would be too costly

59. In addition to job losses，what stands in the way of unhappy couples getting a divorce?

    A）Mounting family debts.

    B）A sense of insecurity.

    C）Difficulty in getting a loan.

    D）Falling housing prices.

60. What will the current economic crisis eventually do to some married couples?

    A）It will force them to pull their efforts together.

    B）It will undermine their mutual understanding.

    C）It will help strengthen their emotional bonds.

D) It will irreparably damage their relationship.

61. What can be inferred from the last paragraph?

A) The economic recovery will see a higher divorce rate.

B) Few couples can stand the test of economic hardships.

C) A stable family is the best protection against poverty.

D) Money is the foundation of many a happy marriage.

Passage Two

Questions 62 to 66 are based on the following passage.

People are being lured（引诱）onto Facebook with the promise of a fun, free service without realizing they're paying for it by giving up loads of personal information. Facebook then attempts to make money by selling their data to advertisers that want to send targeted messages.

Most Facebook users don't realize this is happening. Even if they know what the company is up to, they still have no idea what they're paying for Facebook because people don't really know what their personal data is worth.

The biggest problem, however, is that the company keeps changing the rules. Early on, you could keep everything private. That was the great thing about Facebook—you could create own little private network. Last year, the company changed its privacy rules so that many things—your city, your photo, your friends' names—were set, by default（默认）to be shared with every one on the Internet.

According to Facebook's vice-president Elliot Schrage, the company is simply making changes to improve its service, and if people don't share information, they have a "less satisfying experience".

Some critics think this is more about Facebook looking to make more money. Its original business model, which involved selling ads and putting them at the side of the pages, totally failed. Who wants to look at ads when they're online connecting with their friends?

The privacy issue has already landed Facebook in hot water in Washington. In April, Senator Charles Schumer called on Facebook to change its privacy policy. He also urged the Federal Trade Commission to set guidelines for social-networking sites. "I think the senator rightly communicated that we had not been clear about what the new products were and how people could choose to use them or not to use them", Schrage admits.

I suspect that whatever Facebook has done so far to invade our privacy, it's only the beginning, which is why I'm considering deactivating (撤销) my account. Facebook is a handy site, but I'm upset by the idea that my information is in the hands of people I don't trust. That's too high a price to pay.

注意:此部分试题请在答题卡 2 上作答。

62. What do we learn about Facebook from the first paragraph?
    A) It is a website that sends messages to targeted users.
    B) It makes money by putting on advertisements.
    C) It profits by selling its users' personal data.
    D) It provides loads of information to its users.

63. What does the author say about most Facebook users?
    A) They are reluctant to give up their personal information.
    B) They don't know their personal data enriches Facebook.
    C) They don't identify themselves when using the website.
    D) They care very little about their personal information.

64. Why does Facebook make changes to its rules according to Elliot Schrage?
    A) To render better service to its users.

B）To conform to the Federal guidelines.

C）To improve its users' connectivity.

D）To expand its scope of business.

65. Why does Senator Charles Schumer advocate?

A）Setting guidelines for advertising on websites.

B）Banning the sharing of users' personal information.

C）Formulating regulations for social-networking sites.

D）Removing ads from all social-networking sites.

66. Why does the author plan to cancel his Facebook account?

A）He is dissatisfied with its current service.

B）He finds many of its users untrustworthy.

C）He doesn't want his personal data abused.

D）He is upset by its frequent rule changes.

Part Ⅴ Cloze （15 minutes）

Directions： *There are 20 blanks in the following passage. For each blank there are four choices marked A）, B）, C）and D）on the right side of the paper. You should choose the ONE that best fits into the passage. Then mark the corresponding letter on **Answer Sheet 2** with a single line through the centre.*

注意：此部分试题请在答题卡 2 上作答。

Because conflict and disagreements are part of all close relationships, couples need to learn strategies for managing conflict in a healthy and constructive way. Some couples just ___67___ and deny the presence of any conflict in a relationship. ___68___ , denying the existence of conflict results in couples ___69___ to solve their problems at early ___70___ , which can then lead to even greater problems later ___71___ . Not surprisingly, expressing anger and disagreement leads to lower marital（婚姻的）satisfaction at the beginning. However，this pattern of behavior __72__ increases in marital satisfaction over time. Research suggests that working __73__ conflicts is an important predictor of marital satisfaction.

So，what can you do to manage conflict in your own relationships? First，try to understand the other person's point of view __74__ put yourself in his of her place. People who are __75__ to what their partner thinks and feels __76__ greater relationship satisfaction. For example，researchers found that among people in dating relationships __77__ marriages，those who can adopt their partner's perspective show more positive __78__ ，more relationship-enhancing attributes and more constructive responses __79__ conflict.

Second，because conflict and disagreements are an __80__ part of close relationships，people need to be able to apologize to their partner for wrongdoing and __81__ forgiveness from their parents for their own acts. Apologies minimize conflict，lead to forgiveness，and serve to restore relationship closeness. In line __82__ this view，spouses who are more forgiving show higher mental __83__ over time. Increasingly，apologizing can even have __84__ health benefits. For example，when people reflect on hurtful __85__ and grudges（怨恨），they show negative physiological（生理的）effects，including __86__ heart rate and blood pressure，compared to when they reflect on sympathetic perspective-taking and forgiving.

67. A) resolve   B) regret   C) abandon   D) avoid
68. A) Besides   B) Therefore   C) Moreover   D) However
69. A) trying   B) declining   C) failing   D) striving
70. A) ages   B) years   C) stages   D) intervals
71. A) on   B) by   C) off   D) away

72. A) prescribes B) protests C) proves D) predicts
73. A) round B) amid C) among D) and
74. A) so B) while C) but D) and
75. A) sensitive B) superior C) exclusive D) efficient
76. A) expose B) experience C) explore D) exploit
77. A) as long as B) as far as C) as well as D) as soon as
78. A) minds B) emotions C) psychology D) affection
79. A) to B) against C) at D) toward
80. A) absolute B) inevitable C) essential D) obvious
81. A) require B) inquire C) receive D) achieve
82. A) over B) with C) up D) of
83. A) quality B) identity C) charity D) capability
84. A) creative B) positive C) objective D) competitive
85. A) prospects B) concepts C) memories D) outlooks
86. A) added B) toughened C) strengthened D) increased

Part Ⅵ Translation (5 minutes)

Directions：*Complete the sentences by translating into English the Chinese given in brackets.*

*Please write your translation on **Answer Sheet 2**.*

注意：此部分试题请在答题卡 2 上作答，只需写出译文部分。

87. Those flowers looked as if they _____（好长时间没有浇水了）.

88. Fred bought a car last week. It is _____（比我的车便宜一千英镑）.

89. This TV program is quite boning We might _____（不妨听听音乐）.

90. He left his office in a hurry，with _____（灯亮着，门开着）.

91. The famous novel is said to _____（已经被译成多种语言）.

附录 2

研究生英语学习观念和动机问卷

各位同学:你们好!

我们在进行一项英语学习方面的研究,需要通过问卷的形式向大家了解一下相关想法。本次调查严格遵守有关规定,调查结果只用于统计分析,调查报告不体现个人情况。请根据自己的实际情况,选择一个合适的答案,或者在空格中填写。

谢谢你的支持与合作!
祝学习进步!

一、基本情况

1. 性别:(1)男　　　(2)女
2. 出生年月:19__年 __月。
3. 研究生入学考试成绩:总成绩__ ;英语成绩____。
4. 所学专业:_____ 。
5. 我的本科(专科)学校名称 _____
____。
6. 我是 _____ 。(1)应届毕业生　　(2)往届毕业生

二、对英语和英语学习的认识

下面是人们对英语学习的一些看法,请大家根据每个数字所代表的含义选出其中一个数字填在句末的括号里,所填的数字一定要能如实代表你自己的观点。

1= 我坚决不同意这个看法
2= 我不同意这个看法
3= 对这个看法我没有明确的答案
4= 我同意这个看法

5＝ 我非常同意这个看法

1. 英语学得好的人有学习外语的天赋。　　（　　）
2. 我学习英语是为了和外国人进行学术交流。（　　）
3. 学生应对自己的学习负主要责任。（　　）
4. 英语课程结束后,我也要坚持学习英语。（　　）
5. 有意识地找到学习中的薄弱环节对学习英语很重要。（　　）
6. 我学习英语是为了阅读专业文献。（　　）
7. 能用英语表达自己的思想是最重要的,犯些语法错误问题不大。
（　　）
8. 经常反思自己的学习策略或方式是否有效,对学习英语非常重要。（　　）
9. 我学习英语是为了通过四、六级等各种考试。（　　）
10. 进行大量的口语训练对学好英语很重要。（　　）
11. 理解英语课文的最好方法是把它翻译成中文。（　　）
12. 练好语音和语调对学习英语很重要。（　　）
13. 学习英语时没有必要避免使用汉语。（　　）
14. 英语学不好通常不应该批评学生。（　　）
15. 很好地计划学习时间是学好英语的重要保证。（　　）
16. 掌握英语单词词义的最好方法是知道它的中文意思。（　　）
17. 能针对自己存在的问题采取措施对学好英语很重要。（　　）
18. 学生的英语成绩不好,教师应负主要责任。（　　）
19. 记住句型对学习英语很重要。（　　）
20. 英语作文写完后,应仔细检查,力争避免语言形式上的错误。
（　　）
21. 如果学校不规定英语是必修课程,我就不选这门课。（　　）
22. 检查英语水平最好的方法是翻译。（　　）
23. 用英语写作时,注意力应放在要表达的思想上,语法正确与否是次要的。（　　）
24. 依赖母语学习外语可以加速学习的进程。（　　）
25. 想学好英语,后天的努力比先天的能力更重要。（　　）

26. 能够了解自己的个性特点,取长补短,对学好英语很重要。

                                                                （   ）

27. 每天的学习时间应顺其自然,不必事先认真安排。（   ）

28. 学生学不好英语主要是因为没有下到功夫。（   ）

29. 英语对于我而言是外语,不可能用英语思维。（   ）

30. 进行大量的写作练习对学好英语很重要。（   ）

31. 我学习英语是为了毕业后找一份好工作。（   ）

32. 猜测单词和句子意思是学好英语的重要策略。（   ）

33. 我学习英语是因为学校规定英语是必修课程。（   ）

34. 选择有效的学习策略或方法对学好英语很重要。（   ）

35. 进行大量的听力练习,对学好英语很重要。（   ）

36. 精细地阅读课文对学习英语很重要。（   ）

37. 背诵好的文章对学习英语很重要。（   ）

38. 学习英语不必有意识地选择学习策略。（   ）

39. 在中国现有条件下学英语肯定学不好。（   ）

40. 要学好英语,大量阅读英语报纸、杂志和小说很重要。（   ）

41. 学习英语最重要的任务是弄懂课文内容。（   ）

42. 如果英语教师水平不高,学生肯定学不好英语。（   ）

43. 背单词对英语学习很重要。（   ）

44. 如果不知道如何正确地用英语表达自己想说的内容,就应回避它。（   ）

45. 能用英语表达自己的意思,就不必过多地介意所使用的英语形式是否正确。（   ）

46. 英语学习过程中,不必评价或认识自己的个性特点。（   ）

47. 要想把听到的英语内容记下来,最好是记中文意思。（   ）

48. 使用英语时,应尽量使用正确形式,因为一旦使用错误形式就不易改正。（   ）

49. 用英语交际时,语言的流利性比准确性更重要。（   ）

50. 写好英语作文的最好方法是先用中文组织好思想内容。（   ）

51. 说英语时,最好用中文想好要说的内容。（   ）

52. 一通过英语课程考试,我就不准备在英语上多花时间了。

　　　　　　　　　　　　　　　　　　（　　　）

53. 我学习英语是为了了解外国的文化和科技知识。（　　　）

54. 学生学不好英语主要是因为没有学英语的环境。（　　　）

55. 有明确的长期和短期目标对学好英语很重要。（　　　）

56. 在用英语交际时,语言的正确性比流利性更加重要。（　　　）

57. 反复朗读课文对学英语很重要。（　　　）

58. 不断评估自己的进步对学习英语很重要。（　　　）

59. 我学习英语是为了把英语作为一种交际工具。（　　　）

60. 我对英语和英语学习的其他想法和建议 _____

　　　　_____ 。

附录 3

英语学习策略和歧义容忍度问卷

同学:您好!

我们在进行一项有关英语学习方面的调查研究,希望通过问卷的形式向大家了解一下相关情况。本次调查严格遵守有关规定,所有答案没有对错之分,调查数据和信息仅供研究使用,不体现个人情况。请根据自己的实际情况回答问题。

非常感谢您的支持与合作!祝您学习进步,万事如意!

姓名 _____ ;性别 __;年龄(周岁)____ ;
专业_____

一、请判断你使用下列英语学习做法的情况,并把相应的数字填在句末的括号里。

1=我从来不用; 2=我很少使用;3=我有时候用;4=我用得较多; 5=我用得很多

1. 学英语时,我会考虑已经掌握的知识和新学内容的关系。(   )
2. 我用新词造句,以加深记忆。(   )
3. 为了记忆单词,我把单词的音、形、义结合起来。(   )
4. 通过想象单词的使用情景来记住它。(   )
5. 我利用相似的发音来记新单词(如 hate, gate, late)。(   )
6. 我使用单词卡来记英语单词。(   )
7. 我借助肢体语言来记忆单词。(   )
8. 我经常复习英语课。(   )
9. 我凭借记住英语单词或短语出现在书上、黑板上或是路标上的位置来记忆它们。(   )

10. 我把英语单词说或写几遍。（　　　）

11. 我试着像英语为母语的人一样说英语。（　　　）

12. 我练习英语发音。（　　　）

13. 我以不同方式使用自己知道的英语单词。（　　　）

14. 我主动用英语与人交谈。（　　　）

15. 我看英语电视节目或电影。（　　　）

16. 我以阅读英语书刊为乐趣。（　　　）

17. 我用英语写笔记、留言、信件或报告。（　　　）

18. 我先快速浏览英语短文后再仔细研读。（　　　）

19. 我寻找与新单词意思相似的中文词语。（　　　）

20. 我试着找出英语的句型。（　　　）

21. 我通过把一个英语单词拆分成几个我认得的部分来弄懂它的意思。（　　　）

22. 我尽量避免中、英文之间的逐字对译。（　　　）

23. 我概括所听到或读到的英文大意。（　　　）

24. 对于一些不熟悉的词语，我猜测它们的意思。（　　　）

25. 在用英语交谈时，如果想不起来某个词，我借助手势语来表达。（　　　）

26. 当我不知道恰当的词语时，我就自己造词。（　　　）

27. 读英语时，我不会每一个生词都查字典。（　　　）

28. 英语交谈时，我会去猜测对方下一句要说什么。（　　　）

29. 当我想不出某个英语单词时，我会用其他意思相同的词语或短语代替。（　　　）

30. 我尽可能寻找多种途径来运用所学的英语。（　　　）

31. 我通过留意自己的英语错误来改进英语学习。（　　　）

32. 有人讲英语时，我会注意。（　　　）

33. 我试着找出学好英语的方法。（　　　）

34. 我制定日程表，以便有足够的时间学英语。（　　　）

35. 我寻找能和我用英语交谈的人。（　　　）

36. 我寻找机会尽可能地读英语。（　　　）

37. 我对提高自己的英语技能有明确的目标。（　　　）

38. 我考虑自己英语学习的进展。（　　）

39. 每当害怕使用英语的时候,我会尽量放松。（　　）

40. 尽管害怕说错,我还是鼓励自己讲英语。（　　）

41. 当在英语方面表现不错时,我会奖励或犒赏自己。（　　）

42. 我留意自己在学习或使用英语时是否紧张。（　　）

43. 我把自己学习英语的感受记录下来。（　　）

44. 我和别人谈论自己的英语学习感受。（　　）

45. 如有听不懂的地方,我会请对方说慢一点或再讲一遍。（　　）

46. 说英语时,我请对方纠正我的错误。（　　）

47. 我和其他同学一起练习英语。（　　）

48. 我会向英语老师等人寻求帮助。（　　）

49. 我用英语提问题。（　　）

50. 我努力学英语国家的文化。（　　）

二、下面是有关英语学习的一些描述,请在以下五个选项中选出最符合你实际情况的一项,并把相应的数字填在句末的括号里。

1=完全或几乎不符合;2=通常不符合;3=有时符合;4=通常符合;5=完全或几乎符合

51. 阅读英语材料时,如果不能完全理解材料的意思,我会感到不耐烦。（　　）

52. 我因为不能完全听懂老师的英语口语而感到不安。（　　）

53. 写英语作文时,有时不能确切地表达自己的想法,这一点我不喜欢。（　　）

54. 有时我会因为不能完全理解某个英语语法而感到沮丧。（　　）

55. 当我的英语发音不够准确时,我会感觉不舒服。（　　）

56. 我不喜欢阅读需要花一些时间才能完全理解的英语材料。

（　　）

57. 尽管我学习了英语语法,但有些语法项目很难运用到口语和写作中去,对此我感到烦恼。（　　）

58. 在用英语写作时,如果不能准确地表达自己想要表达的意思,我
　　 会感到不舒服。(　　)

59. 当老师使用我不知道的英语单词时,我感到困扰。(　　)

60. 说英语时,如果不能清楚表达我的意思,我会感觉不舒服。

(　　)

61. 有时我找不到恰当英语词汇来表达一些汉语词汇的含义,我会
　　 感到不安。(　　)

62. 关于英语阅读,有一点我不大喜欢,就是需要猜测意思。(　　)

附录 4

英语交际策略问卷

同学:您好!

我们在进行一项有关英语口语交际方面的研究,希望通过问卷的形式向大家了解一下相关情况。本次调查严格遵守有关规定,所有答案没有对错之分,调查结果只用于学术研究,调查报告不体现个人情况。请根据自己的实际情况,回答下面问题。非常感谢!

姓名 _____ ;性别 __ ;年龄(周岁)____ ;
专业_____

请判断你使用下列英语交际做法的情况,并把相应的数字填在句末的括号里。

1=我从来不用; 2=我很少使用;3=我有时候用;4=我用得较多; 5=我用得很多

1. 为了充分说明想表达的意思,通过描述某物体或事件的特征、成分或功能加以说明,如用"the thing to cook water"来表达"水壶"。( )
2. 如果可能,不使用没有把握的词语或语法结构。( )
3. 感到自己的语言或相关背景知识有限,不足以表达某个概念或话题时,会终止谈话或进入另一个话题。( )
4. 通过画图来表达意思。( )
5. 尽量回避自己不擅长的谈话内容。( )
6. 为了赢得考虑时间,用"Let me see, You know, As a matter of fact"等来拖延时间进行思考。( )
7. 遇到不能充分表达的内容,就简略地表达大概的意思。( )
8. 用手势来帮助表达,例如介绍物体的大小或运动方向。( )
9. 用一些"Well..., er..."等语气词拖延一点时间,以便有较多的

时间进行思考。（　　）

10. 如找不到合适的词语,就按照汉语字面意思直接翻译成英语,如把"河马"说成"river horse"。（　　）

11. 有时为了清楚地表达自己的意思,会重复自己的原话。（　　）

12. 如果遇到难以表达的词语,会在语句中夹杂汉语词汇来完成意思的表达,如用"The student caught *Feiyan*（肺炎）"表达"那个同学得了肺炎。"（　　）

13. 用一个词义或用法相近的词语或表达方式替代另一个,例如用pipe（管子）代替 straw（吸管）。（　　）

14. 使用根据自己了解的语法或构词规则推断、想象出来的词,例如用"vegetarianist"表示"素食主义者"。（　　）

15. 有时会突然发现自己不能找到恰当的词语或结构继续完成某个意思的表达,于是就重新组织词语或结构,把原来的意思表述清楚。　（　　）

16. 根据交际的时间、地点、事件和任务来猜测和判断意思。（　　）

17. 通过模仿声音或动作帮助表达。（　　）

18. 一般不用新学的词语或表达方式。（　　）

19. 故意放慢语速以便有时间思考。（　　）

20. 表达有困难时,会通过举例的方式来表明意思。（　　）

21. 当表达一个词语有困难时,会用一个总括性的词汇加以说明,如用 fruit 表示 pomegranate（石榴）。（　　）

22. 准备一些常用表达方式和套语,或根据可能出现的话题,事先准备、背诵一些相应的语句、段落,然后在交际时使用。（　　）

23. 用英语交际时,尽量通过深呼吸等方式使自己放松。（　　）

24. 鼓励自己尽量回忆想要表达的意思。（　　）

25. 在心里告诫自己不要担心出错。（　　）

26. 努力感受或想象用英语交际的乐趣或成就感。（　　）

27. 当感到自己表现得比较好时,会通过一定方式给自己以表扬或奖赏。（　　）

28. 会以交际双方都可能熟悉的话题,如天气状况等,开始对话。（　　）

29. 通过向对方提问开始谈话。（　　）

30. 在结束自己的一轮谈话时，用"That's my viewpoint."等，向对方表明自己讲完了。（　　）

31. 当表达完自己的意思后，会通过"What's your idea?"等征求对方的看法，或请对方继续谈话。（　　）

32. 为了使自己的讲话连贯、紧凑、逻辑性强，我用一些关联词，如"first，second…"，"that is…"，"for example"，"even though…"，"on the other hand"等等。（　　）

33. 在谈话时我等对方讲完再表达自己的观点。（　　）

34. 在对方讲话时，用"Yeah"，"Yes"，"OK"，"Really"或点头等，示意自己在听或听懂了。（　　）

35. 自己在讲话时，用"Right?"，"Is it clear?"或目光确认对方是否已经听清楚。（　　）

36. 通过追溯以前的学习或交际经历来回忆某个词语。（　　）

37. 借助中文或学过的第二外语（如日语、德语或法语）的意思回忆某个词语。（　　）

38. 如果没有想起某个词语，就暂时放下，等随后想到了，再进行补充。（　　）

39. 借助词义相关或词形相近的词语回忆某个词语。（　　）

40. 如果不知如何表达，就向对方或周围人直接请求帮助，如"How do you say…?"或"……（用英语）怎么说?"（　　）

41. 如果没领会某个意思，就请对方讲得慢些，或再说一次。（　　）

42. 表达有困难时，会用停顿或眼神等方式向对方示意求助。

（　　）

附录 5

英语专业四级口试焦虑和交际策略问卷

各位同学:大家好!

　　我们是杭州电子科技大学外国语学院的教师,在进行一项有关英语专业四级口试方面的调查研究,希望通过问卷的形式向大家了解一下相关情况。本次调查严格遵守有关规定,所有答案没有对错之分,调查数据和信息仅供研究使用,不体现个人情况。请根据自己的实际情况回答问题。您的回答将对改进我校英语专业教学、提高学生英语学习效率提供帮助。

　　谢谢你的支持与合作! 祝学习进步!

姓名 _____;性别 __;年龄(周岁)____

一、对英语专业四级口试的感受或认识

下面 37 个句子描述人们参加英语口语考试的感受,请阅读并判断这些句子所表达的内容是否与你的实际情况符合,如果符合,请在该句子右边的括号内打"√",如果不符合则打"×"。

1. 当英语专业四级口试临近时,我总是在想别人在多大程度上比我口语好。( )
2. 参加专业四级口试之前我会非常焦虑。( )
3. 参加英语专业四级口试等考试之前我感到很自信、很轻松。( )
4. 参加英语专业四级口试时,我会出很多汗。( )
5. 在英语专业四级口试过程中,我发现自己总是在想一些和考试内容无关的事。( )
6. 当突然有一场突然袭击式的英语考试时,我感到很怕。( )
7. 英语专业四级口试期间我经常想到会不及格。( )
8. 英语专业四级口试后我感到紧张不安,以至胃不舒服。( )
9. 我对英语专业四级口试感到发怵。( )

10. 即便在上一次相关考试中取得了好成绩,也不能增加我在本次考试中的信心。（　　）

11. 在英语专业四级口试期间我有时感到心跳很快。（　　）

12. 考试结束后我总是觉得可以比实际上做得更好。（　　）

13. 考试完毕后我总是感到很郁闷。（　　）

14. 在英语专业四级口试之前,我总有一种紧张不安的感觉。（　　）

15. 英语专业四级口试时,我的情绪反应不会干扰我考试。（　　）

16. 考试期间我经常很紧张,有些本来知道的东西都想不起来了。（　　）

17. 复习英语专业四级口试对我来说似乎是一个很大的挑战。（　　）

18. 对英语专业四级口试而言,我越努力复习越感到困惑。（　　）

19. 英语专业四级口语考试一结束,我试图不再担忧,但做不到。（　　）

20. 在参加英语专业四级口试期间,我有时会想考试成绩可能会影响我将来的就业或深造。（　　）

21. 我宁愿老师通过口头报告或角色表演等活动形式来考核我们的口语水平,而不是考试。（　　）

22. 我真希望英语专业四级口试不那么令人烦恼。（　　）

23. 我相信如果换一种方式口试而且没有时间限制的话,我会考得更好。（　　）

24. 想着我在考试中能得多少分,影响了我的复习和考试。（　　）

25. 如果英语专业四级口试等相关考试能废除的话,我想我能学得更好。（　　）

26. 在英语专业四级口试过程中,虽然有的内容我不会,但我并不担心。（　　）

27. 我真不明白为什么有些人在口试中那么紧张。（　　）

28. "我没有别人优秀"的想法会干扰我在考试中的表现。（　　）

29. 和平时的小考相比,我对专业四级口语考试等并不做特别的准备或复习。　（　　）

30. 尽管我对考试做了很好的准备,但我仍然感到焦虑。（　　）

31. 在英语专业四级口试前,我食欲不佳。（　　）

32. 在英语专业四级口试时我发现我的手臂会颤抖。（　　）

33. 在考试前我很少有"临时抱佛脚"的需要。（　　）

34. 校方应认识到有些学生对这种考试较为焦虑,而这会影响他们的考试成绩。（　　）

35. 我认为考试期间似乎不应该搞得那么紧张。（　　）

36. 一看到考卷,我就觉得很不自在。（　　）

37. "突然袭击"式的考试是令人讨厌的。（　　）

二、在英语专业四级口试中的做法

下面是在英语专业四级口试中的一些做法,请在下面五个选项中选出最符合你实际情况的一项,并把相应的数字填在句末的括号里。

1＝我从来不用;2＝我很少使用;3＝我有时候使用;4＝我用得较多;
5＝我用得很多。

38. 为了充分说明想表达的意思,我会通过描述某物体或事件的特征、成分或功能加以说明,如用"the thing to cook water"来表达"水壶"。（　　）

39. 如果可能,我不使用没有把握的词语或语法结构。（　　）

40. 交际过程中,感到自己的语言或相关背景知识有限,不足以表达某个概念或话题时,我会终止谈话或进入另一个话题。（　　）

41. 为了赢得考虑时间,我用"Let me see, You know, As a matter of fact"等表达方式来拖延时间进行思考。（　　）

42. 遇到不能充分表达的内容,我就简略地表达大概的意思。（　　）

43. 我用手势来帮助表达,例如介绍物体的大小或运动方向。（　　）

44. 我用一些"well..., er..."等语气词拖延一点时间,以便有较多的时间进行思考。（　　）

45. 当找不到合适的词语或表达方式时,就按照汉语字面意思直接翻译成英语,如把"河马"说成"river horse";把"说……的坏话"说成"say bad words"。（　　）

46. 英语口语测试时,我尽量回避自己不擅长的谈话内容。（　　）

47. 有时为了清楚地表达自己的意思，我会重复自己的原话。（ ）

48. 如果遇到难以表达的词语，我就会在语句中夹杂汉语词汇来完成意思的表达，如用"The student caught *Feiyan*（肺炎）"表达"那个同学得了肺炎。"（ ）

49. 为了交际需要，我用一个词义或用法相近的词语或表达方式替代另一个，例如用 pipe（管子）代替 straw（吸管）。（ ）

50. 在必要时，我使用根据自己了解的语法或构词规则推断、想象出来的词，例如用"vegetarianist"表示"素食主义者"。（ ）

51. 有时会突然发现自己不能找到恰当的词语或结构继续完成某个意思的表达，于是就重新组织词语或结构，把原来的意思表述清楚。（ ）

52. 我根据交际的时间、地点、事件和任务来猜测和判断意思。（ ）

53. 我通过模仿声音或动作帮助表达。（ ）

54. 我故意放慢语速以便有时间思考。（ ）

55. 我相对不喜欢使用新学的词语或表达方式。（ ）

56. 表达有困难时，我会通过举例的方式来表明意思。（ ）

57. 当遇到难词时，我会用总括性的词汇加以说明，如用 fruit 表示 pomegranate（石榴）。（ ）

58. 口试前我会准备一些常用表达方式和套语，或根据可能出现的话题，事先准备、背诵一些相应的语句、段落，然后在口试时使用。（ ）

三、对英语专业四级口试其他想法或建议

_____

_____

_____

_____

_____

参 考 文 献

［1］ Adjemian，C. On the nature of interlanguage system ［J］. Language Learning, 1976, 26(2):297-320.

［2］ Al-Khanji，R. & El-Shiyab，S. On the use of compensatory strategies in simultaneous interpretation ［J］. Meta, 2000, 45(3):548-557.

［3］ Allanson，C. & Zhou , C. Chinglish 2 English ［J］. CELEA Journal, 2004 (6):3-18.

［4］ Anderson，J. R. Language，memory，and thought ［M］. Hillsdale, NJ: Erlbaum, 1976.

［5］ Arnold，J. & Brown，H. D. A Map of the Terrain ［A］. In Arnold, J. (ed.). Affect in Language Learning ［C］. Beijing: Foreign Language Teaching and Research Press，2000.

［6］ Arnold, J. Affect in Language Learning ［C］. Beijing: Foreign Language Teaching and Research Press,2000.19.

［7］ Bachman，L. Fundamental Consideration in Language Testing ［M］. Oxford: Oxford University Press，1990.

［8］ Bacon，S. M. The relationship between gender，comprehension， processing strategies，and cognitive and affective response in foreign language listening ［J］. The Modern Language Journal, 1992, 76:160-178.

［9］ Bai，Q. Perceptions of Chinese EFL learners on communication difficulties and communicative strategies in use in the Australian context ［A］. 胡文仲,文秋芳.中国英语教学(四):第四届中国英语教学国际研讨会文集[C].北京:外语教学与研究出版社,2007. 328-341.

［10］ Bernat，E. Investigating Vietnamese ESL learners' beliefs about language learning ［J］. English Australia Journal, 2004,21(2):40-55

［11］ Bialystok，E. Communication strategies: A psychological analysis of second-language use ［M］.Oxford: Basil Blackwell, 1990.

［12］ Bialystok，E. Strategies in interlanguage and performance ［A］. In Davies，A. , Criper，C. & Howatt，A. P. R. (eds). Interlanguage ［C］.

Edinburgh: Edinburgh University Press, 1984.

[13] Bialystok, E. The role of conscious strategies in second language proficiency [J]. Modern Language Journal, 1981, 65:24-35.

[14] Birchbichler, D. & Omaggio, A. Diagnosing and responding to individual learner needs [J]. Modern Language Journal, 1978, 62(7):336-345.

[15] Boyle, J. Sex differences in Listening Vocabulary [J]. Language Learning, 1987(37):273-287.

[16] Brown, H. D. Teaching by Principles: Interactive Language Teaching Methodology [M]. New York: Prentice Hall Regents, 1994.

[17] Brown, H. D. Principles of Language Learning and Teaching [M]. Beijing: Foreign Language Teaching and Research Press, 2002.

[18] Budner, S. Intolerance of ambiguity as a personality variable [J]. Journal of Personality Assessment, 1962, 30(1):29-50.

[19] Canale, M. & Swain, M. Theoretical bases of communicative approaches to second language teaching and testing [J]. Applied Linguistics, 1980 (1):1-47.

[20] Canale, M. Some Dimensions of Language Proficiency [A]. In J. Oller (eds). Issues in Language Testing Research [C]. Rowley, Mass: Newbury House, 1983.

[21] Carton, A. S. The "method of inference" in foreign language study [M]. New York: Research Foundation of the City University of New York, 1966.

[22] Chamot, A. U. The learning strategies of ESL students [A]. In A. Wenden & J. Rubin (Eds.), Learner strategies in language learning [C]. Englewood Cliffs, NJ: Prentice Hall International, 1987.

[23] Chamot, A. U. & O'Malley, J. M. The CALLA handbook: Implementing the cognitive academic language learning approach [M]. White Plains, NY: Addison Wesley Longman, 1994.

[24] Chamot, A. U., Barnhardt, S., El-Dinary, P. B., & Robbins, J. The learning strategies handbook [M]. White Plains, NY: Addison Wesley Longman, 1999.

[25] Chapelle, C. & Roberts, C. Ambiguity tolerance and field independence as predictors of proficiency in English as a second language [J]. Language Learning, 1986, 36(1):27-45.

[26] Chen, S. A study of communication strategies in interlanguage production by Chinese EFL learners [J]. Language Learning, 1990(2):155-187.

[27] Chesterfield, R. & Chesterfield, K. B. Natural order in children's use of second language learning strategies [J]. Applied Linguistics, 1985, 6(1): 45-59.

[28] Cohen, A. D. Strategies in learning and using a second language [M]. New York: Longman, 1998.

[29] Cohen, A. D. Strategies in Learning and Using a Second Language [M]. Beijing: Foreign Language Teaching and Research Press, 2000:219.

[30] Cook, V. Linguistics and Language Acquisition [M]. Beijing: Foreign Language Teaching and Research Press, 2000:123.

[31] Corder, S. P. The significance of learners' errors [J]. International Review of Applied Linguistics, 1967 (5):161-169.

[32] Corder, S. P. diosyncratic dialects and error analysis [J]. International Review of Applied Linguistics, 1971(9):147-159.

[33] Corder, S. P. Introducing Applied Linguistic [M]. Harmondworth: Penguin, 1973.

[34] Corder, S. P. Error Analysis and Interlanguage [M]. Oxford: Oxford University Press, 1981.

[35] Corder, S. P. Strategies of communication [A]. In C. Færch. & G. Kasper(eds). Strategies in Interlanguage Communication [C]. London: Longman, 1983:14-19.

[36] DEhrman, M. & Oxford, R. L. Effects of sex differences, career choice, and psychological type on adult language learning strategies [J]. Modern Language Journal, 1989, 73(1):1-13.

[37] Dörnyei, Z. On the teachability of communication strategies [J]. TESOL Quarterly, 1995, 29(1):55-85.

[38] Dörnyei, Z. & Scott, M. L. Communication strategies in a second language: Definitions and taxonomies [J]. Language Learning, 1997. 47 (1):173-210.

[39] Dulay, H. & Burt, M. Errors and strategies in child second language acquisition [J]. TESOL Quarterly, 1974(8):129-136.

[40] Dulay, H. , Burt, M. & Krashen, S. Language Two [M]. New York: Oxford University Press, 1982.

[41] Ehrman, M. E. Ego boundaries and tolerance of ambiguity in second language learning [A]. In Arnold J (ed.). Affect in Language Learning [C]. Cambridge: Cambridge University Press, 1999:68-86.

[42] Ehrman, M. & Oxford, R. L. Adult learning styles and strategies in an intensive training setting [J]. Modern Language Journal, 1990, 74: 311-326.

[43] Ehrman, M. & Oxford, R. L. Cognition plus: Correlates of language learning success [J]. Modern Language Journal, 1995, 79(1), 67-89.

[44] Ellis, R. Understanding Second Language Acquisition [M]. Oxford: Oxford University Press, 1985.

[45] Ellis, R. The Study of Second Language Acquisition [M]. Shanghai: Shanghai Foreign Language Education Press, 1999.

[46] Ely, C. M. Tolerance of ambiguity and use of second language learning strategies [J]. Modern Language Journal, 1989, 22(5):437-445.

[47] Ely, C. M. Tolerance of ambiguity and the teaching of ESL [A]. In Reid J (ed.). Learning Styles in the ESL/EFL Classroom [C]. Beijing: Foreign Language Teaching and Research Press, 2002.

[48] Færch, C. & Kasper, G. Strategies in Interlanguage Communication [C]. London: Longman, 1983:4-14.

[49] Færch, C. & Kasper, G. Two ways of defining communication strategies [J]. Language Learning, 1984, 34(1):45-63.

[50] Færch, C. & Kasper, G. Strategic competence in foreign language teaching [A]. In Kasper, G. Learning, Teaching and Communication in the Foreign Language Classroom [C]. Aarhus: Aarhus University Press, 1986.

[51] Foss, K. & A. Reitzel. A relational model for managing second language anxiety [J]. TESOL Quarterly, 1988(22):437-454.

[52] Frenkel-Brunswik, E. Intolerance of ambiguity as an emotional perceptual personality variable [J]. Journal of Personality, 1949, 18(1): 108-143.

[53] Fuchs, C. Exploring German preservice teachers' electronic and professional literacy skills [J]. ReCALL, 2006, 18(2):174-192.

[54] Furnham, A. & Ribchester, T. Tolerance of ambiguity: A review of the concept, its measurement and applications [J]. Current Psychology,

1995, 14(3):179-199.

[55] Furnham, A. A content, correlational and factor analytic study of four tolerance of ambiguity questionnaires [J]. Personality and Individual Differences, 1994, 16 (3):403-410.

[56] Green, J. M. & Oxford, R. L. A closer look at learning strategies, L2 proficiency, and gender [J]. TESOL Quarterly, 1995, 29(2), 261-297.

[57] Grice, H. P. Logic and conversation [A]. In P. Cole & J. Morgan (eds). Syntax and Semantics, Vol. 3: Speech Acts [C]. NY: Academic Press, 1975:43-58.

[58] Hakuta, K. Prefabricated patterns and the emergence of structure in second language acquisition [J]. Language Learning, 1974 (24):287-297.

[59] Hakuta, K. A case study of a Japanese child learning English as a second language [J]. Language Learning, 1976(2):321-351.

[60] Han Z. Fossilization in Adult Second Language Acquisition [M]. Buffalo: Multilingual Matters Ltd, 2004.

[61] Han, Z. & Odlin, T. Studies of fossilization in second language acquisition [C]. Clevedon, UK: Multilingual Matters, 2006.

[62] Horwitz, E. K. Surveying students beliefs about language learning [A]. In A. Wenden & J. Rubin. Learner Strategies in Language Learning [C]. Englewood Cliffs, NJ: Prentice - Hall, 1987:119-129.

[63] Horwitz, E. K. The beliefs about language learning of beginning university foreign language students [J]. Modern Language Journal, 1988, 72:283-294.

[64] Horwitz, E. K. , Horwitz, M. B. & Cope, J. Foreign language classroom anxiety [J]. The Modern Language Journal, 1986(70):125-132.

[65] Huang, X. & Van Naerssen, M. Learning strategies for oral communication [J]. Applied Linguistics, 1985, 6:287-307.

[66] James, C. Errors in Language Learning and Use: Exploring Error Analysis [M]. Beijing: Foreign Language Teaching and Research Press, 2001.

[67] Kamran, S. K. Effect of Gender on Ambiguity Tolerance of Iranian English language learners [J]. Journal of Education and Practice, 2011, 12(11&12):25-33.

[68] Kasper, G. & Kellerman, E. Communication Strategies: Psycholinguistic

and Sociolinguistic Perspectives [C]. London: Longman, 1997.

[69] Kazamina, V. How tolerant are Greek EFL learners of foreign language ambiguities [A]. Leeds Working Papers in Linguistics, 1999, 7:69-78.

[70] Krashen, S. D. Principles and Practice in Second Language Acquisition [M]. Oxford: Pergamon, 1982.

[71] Krashen, S. , Long M. , & Scarcella. R. Child-adult Difference in Second Language Acquisition [C]. Rowley, Mass. : Newbury House, 1982.

[72] Larsen-Freeman, D. & Long, M. H. An Introduction to Second Language Acquisition Research [M]. London: Longman, 1991.

[73] Leech, G. N. Principle of Pragmatics [M]. London: Longman, 1983.

[74] Levinson, S. C. Pragmatics [M]. Cambridge: CUP, 1983.

[75] Littlewood, W. Foreign & Second Language Learning [M]. Cambridge: Cambridge University Press, 1990.

[76] Littlewood, W. Communicative Language Teaching [M]. 北京:外语教学与研究出版社,2000:8-15.

[77] Long, M. Maturational Constraints on Language Development [J]. Studies in Second Language Acquisition, 1990, 12(3):251-285.

[78] Macaro, E. Learning Strategies in Foreign and Second Language Classrooms [M]. 北京:世界图书出版公司北京分公司,2008.

[79] McDonough, S. H. Strategy and Skill in Learning a Foreign Language [M]. London: Edward Arnold, 1995.

[80] McLain, D. L. The MSTAT-1: A new measure of an individual's tolerance for ambiguity [J]. Educational and Psychological Measurement, 1993,53(1): 183-189.

[81] Mendelsohn, D. J. Learning to listen: A strategy-based approach for the second-language learner [M]. San Diego: Dominie Press, 1994.

[82] Naiman, N. , Frohlich, M. , Stern, H. H. & Todesco, A. The good language learner [M]. Toronto: Ontario Institute for Studies in Education, 1978.

[83] Nakatani, Y. Developing an Oral Communication Strategy Inventory [J]. The Modern Language Journal, 2006, 90(2):151-168.

[84] Nakatani, Y. Identifying Strategies that facilitate EFL learners' Oral Communication: A Classroom Study using Multiple Data Collection Procedures [J]. The Modern Language Journal, 2010, 94(1):116-136.

[85] Nemser, W. Approxiative systems of foreign language learners [J]. International Review of Applied Linguistics, 1971 (9):115-123.

[86] Norton, R. Measurement of ambiguity tolerance [J]. Journal of Personality Assessment,1975,39(6):607-619.

[87] Nunan, D. Designing Tasks for the Communicative Classroom [M]. Cambridge: Cambridge University Press,1989.

[88] O'Malley, J. M. The effects of training in the use of learning strategies on acquiring English as a second language [A]. In A. Wenden and J. Rubin (Eds.) Learner strategies in language learning [C]. Englewood Cliffs, NJ: Prentice Hall, 1987.

[89] O'Malley, J. M. & Chamot, A. U. Learning Strategies in Second Language Acquisition [M]. Cambridge: Cambridge University Press, 1990.

[90] O'Malley, J. M., Chamot, A. U. & Kupper, L. Listening comprehension strategies in second language acquisition [J]. Applied Linguistics, 1989, 10(4): 418-437.

[91] O'Malley, J. M., Chamot, A. U., Stewner-Manzanares, G., Kupper, L. & Russo, R. Learning strategies used by beginning and intermediate ESL students [J]. Language Learning, 1985, 35:21-46.

[92] O'Malley, J. M., Chamot, A. U., Stewner-Manzanares, G., Russo, R. & Kupper, L. Learning strategy applications with students of English as a second language [J]. TESOL Quarterly, 1985, 19:285-296.

[93] Oxford, R. L. Use of language learning strategies: A synthesis of studies with implications for strategy training [J]. System, 1989, 17(2).

[94] Oxford, R. L. Language learning strategies: What every teacher should know [M]. Boston: Heinle & Heinle, 1990.

[95] Oxford, R. L. & Cohen, A. D. Language learning strategies: Critical issues in concept and definition [J]. Applied Language Learning, 1992, 3 (1-2):1-35.

[96] Oxford, R. L. & Ehrman, M. Adults' language learning strategies in an intensive foreign language program in the United States [J]. System, 1995, 23, 359-386.

[97] Oxford, R. L. & Nyikos, M. Variables affecting choice of language learning strategies by university students [J]. Modern Language Journal, 1989, 73(2).

[98] Oxford, R. & Shearin, J. Language Learning Motivation: Expanding the Theoretical Framework [J]. Modern Language Journal, 1994(78):12-28.

[99] Paribakht, T. Strategic competence and language proficiency [J]. Applied Linguistics, 1985(6):132-146.

[100] Politzer, R. L. & McGroarty, M. An exploratory study of learning behaviors and their relationship to gains in linguistic and communicative competence [J]. TESOL Quarterly, 1985, 19(1):103-123.

[101] Poulisse, N. The Use of Compensatory Strategies by Dutch Learners of English [M]. Dordrecht: Foris, 1990.

[102] Reid, J. M. The learning style preferences of ESL students [J]. TESOL Quarterly, 1987, 21(1):87-111.

[103] Reid, J. M. Learning styles in EFL/ESL classrooms [C]. Boston, MA: Heinle & Heinle, 1995.

[104] Reiss, Mary-Ann. The Good Language Learner: Another Look! [J]. The Canadian Modern Language Review, 1985, 41(3):511-523.

[105] Richards, J. A non-contrastive approach to error analysis [J]. English Language Teaching Journal, 1971(5):204-219.

[106] Richards, J. C. , Platt, J. & Platt, H. Longman Dictionary of Language Teaching & Applied Linguistics [Z]. Beijing: Foreign Language Teaching and Research Press,2000.

[107] Richards, J. Error analysis: perspective on second language acquisition [C]. London: Longman, 1974.

[108] Rubin, J. What the "good language learner" can teach us [J]. TESOL Quarterly, 1975, 9:41-51.

[109] Rubin, J. The study of cognitive processes in second language learning [J]. Applied Linguistics, 1981, 2:117-131.

[110] Ryan, M. P. Monitoring Text Comprehension: individual differences in epistemological Standards [J]. Journal of Educational Psychology,1984, 76(22):248-258.

[111] Sakui, K. & Gaies, S. J. Investigating Japanese Learners' Beliefs About Language Learning [J]. System,1999, 27(4):473-492.

[112] Schommer, M. A. Effects of beliefs about the nature of knowledge and comprehension [J]. Journal of Educational Psychology, 1990, 82(3):498-504.

[113] Schumaan, J. H. The pidginization process: a model for second language Acquisition [M]. Roley, MA: Newbury House, 1978.

[114] Scovel,T. A time to speak: a psycholinguistic inquiry into the critical period for human speech [M]. New York: Newbury House, 1988.

[115] Selinker, L. Language transfer [J]. General Linguistics, 1969(9): 67-92.

[116] Selinker, L. Interlanguage [J]. International review of Applied Linguistics, 1972(10):209-231.

[117] Selinker, L. Rediscovering interlanguage [M]. London: Longman, 1992.

[118] Selinker, L., Swain, M. & Dumas, G. The interlanguage hypothesis extended to children [J]. Language Learning, 1975 (25):139-191.

[119] Skehan, P. Individual differences in second-language learning [M]. London: Edward Arnold, 1989.

[120] Skehan, P. Individual differences in second language learning [J]. Studies in Second Language Acquisition, 1991, 13(2):275-298.

[121] Skehan, P. A cognitive approach to language learning [M]. London: Oxford University Press, 1998.

[122] Spielberger, C. D. & Sarason, I. G. Stress and Anxiety [C]. Washington D C: Hemisphere Publishing Corp, 1978;193-216.

[123] Stern, H. H. What can we learn from the good language learner? [J]. Canadian Modern Language Review, 1975, 31:304-318.

[124] Stern, H. Fundamental concepts of Language Teaching [M]. Oxford: Oxford University Press, 1983.

[125] Tarone, E. Conscious communication strategies in interlanguage: A progress report [J]. TESOLÔ 77, 1977.

[126] Tarone, E. Communication strategies, foreign talk and repair in interlanguage [J]. Language Learning, 1980,30:417-431.

[127] Tarone, E. Some thoughts on the notion of communication strategy [J]. TESOL Quarterly, 1981 (3):285-295.

[128] Tarone, E., Cohen, A. D. & G. Dumas. A closer look at some interlanguage terminology: a framework for communication strategies [A]. In Færch, C. & G. Kasper. Strategies in Interlanguage Communication [C]. London: Longman, 1983:4-14.

[129] Vandergrift, L. Orchestrating strategy use: Toward a model of the

skilled second language listener [J]. Language Learning, 2003, 53 (3):
463-496.

[130] Vandergrift, L. Listening to learn or learning to listen? [J]. Annual
Review of Applied Linguistics, 2004, 24:3-25.

[131] Vigil, F. & Oller, J. Rule fossilization: A tentative model [J].
Language learning, 1976,26:281-295.

[132] Weiner, B. An Attribution Theory of Motivation and Emotion [M].
New York: Springer, 1986:93-105.

[133] Wenden, A. Literature review: the process of intervention [J].
Language Learning, 1983, 3:103-121.

[134] Wenden, A. What do second-language learners know about their
language learning? A second look at retrospective accounts [J]. Applied
Linguistics, 1986, 7(2):186-201.

[135] Wenden, A. L. Learner Strategies for Learner Autonomy [M]. New
York: Prentice Hall, 1991.

[136] Wenden, A. An introduction to metacognitive knowledge and beliefs in
language learning: beyond the basics [J]. System, 1999, 27:435-441.

[137] Wong Fillmore, L. When does teacher talk work as input? [A]. In S.
Gass & C. Madden (eds.). Input in Second Language Acquisition[C].
New York, NY: Newbury House, 1985.

[138] Yang, N-D. The relationship between EFL learners' beliefs and learning
strategy use [J]. System, 1999, 27(4):515-535.

[139] Yip, V. Interlanguage and Learnability [M]. Amsterdam: John
Benjamins Publishing Company, 1995.

[140] Young, D. J. Creating a low-anxiety classroom environment: What
does language anxiety research suggest? [J]. The Modern Language
Journal, 1991(75):426-439.

[141] Zuengler, J. Identity and IL Development Use [J]. Applied Linguistics,
1989 (10):80-96.

[142] 安梅,Sanooch S. Nathalang. 中国英语学习者的交际策略研究(英文)
[J]. 中国应用语言学(英文版),2010(3).

[143] 鲍刚.口译理论概述[M].北京:中国对外翻译出版公司,2005.

[144] 蔡基刚.大学英语教学:回顾、反思和研究[M].上海:复旦大学出版
社,2006.

[145] 蔡金亭.中国学生英语过渡语研究[M].北京:外语教学与研究出版社,2008.

[146] 蔡小红.以跨学科的视野拓展口译研究[J].中国翻译,2001(2):26-29.

[147] 蔡小红.口译研究新探——新方法、新观点、新趋势[C].香港:开益出版社,2002.

[148] 蔡小红.口译评估[M].北京:中国对外翻译出版集团,2007.

[149] 常海潮.学习策略在歧义容忍度和英语水平之间的中介效应研究[J].外语界,2012,(2):81-88.

[150] 陈长顺,陆敏霞.大学英语2+2+X教学模式的初步探索与实践[J].南京理工大学学报(社科版),2004(6).

[151] 陈慧麟.语言测试中的焦虑因素[M].杭州:浙江大学出版社,2010:9.

[152] 陈慧媛.关于语言僵化现象起因的理论探讨[J].外语教学与研究,1999(3):37-43.

[153] 陈明瑶.论商务口译技巧[J].上海科技翻译,2004(2):31-34.

[154] 陈融.格莱斯会话含义学说[J].外国语,1985(3):63-67.

[155] 陈文存.英语专业学生的四级成绩与模糊容忍度的相关性研[J].中国英语教学,2004(1):3-6.

[156] 陈许,郭继东.高校外语教学的理论探索与实践创新[C].杭州:浙江大学出版社,2011.

[157] 程冰.大学英语学习策略培训实践与效果分析[J].西安外国语学院学报,2006(3):48-50.

[158] 程城,闫国立,梁宝勇.模糊容忍性量表的编制[J].心理与行为研究,2012(3):231-235.

[159] 程晓堂,郑敏.英语学习策略[M].北京:外语教学与研究出版社,2002.

[160] 戴曼纯.第二语言习得者的交际策略初探[J].外语界,1992(3):8-12.

[161] 戴炜栋.误差起因分析综述[J].外国语,1990(2):1-5.

[162] 戴炜栋,牛强.过渡语的石化现象及其教学启示[J].外语研究,1999(2):11-15.

[163] 戴炜栋,刘春燕.学习理论的新发展与外语教学模式的嬗变[J].外国语,2004(3):10-17.

[164] 戴炜栋,束定芳.外语交际中的交际策略研究及其理论意义[J].外国语,1994(6):27-31.

[165] 范烨.关于中介语对话的研究报告[J].外语界,2002(2):19-24.

[166] 范谊,芮渝萍.面向21世纪外语教学论[M].重庆:重庆出版社,1998.

[167] 丰国欣.新生外语学习观念中的误解及其转变理据[J].外语界,2001 (4):6-10.

[168] 冯建中.口译事例与技巧[M].太原:山西出版集团书海出版社,2007: 135;195.

[169] 盖兆泉、贺海龙.外商看中国[M].北京:外语教学与研究出版社,2004.

[170] 高海虹.外语视听说课上的交际策略教学[J].外语电化教学,1999(3): 14-16.

[171] 高海虹.交际策略能力研究报告——观念与运用[J].外语教学与研究, 2000(1):53-58.

[172] 高黎,陈唐艳,曾洁.学习策略培训对学习者元认知水平影响的历时研究 [J].外语界,2012(1):35-43.

[173] 高燕.开辟大学英语教学第二课堂的思考[J].教育理论与实践,2007(3): 62-64.

[174] 高一虹.语言能力与语用能力的关系[J].现代外语,1992(2):1-9.

[175] 高远.对比分析与差错分析[M].北京:北京航空航天大学出版社,2002.

[176] 桂诗春.心理语言学[M].上海:上海外语教育出版社,1985.

[177] 桂诗春.应用语言学[M].长沙:湖南教育出版社,1997.

[178] 郭继东.从过渡语的发展阶段看大学英语教学[J].江西师范大学学报(哲社版),2005(6):118-121.

[179] 郭继东.过渡语僵化教师因素研究[J].宁夏大学学报(社科版),2007(3).

[180] 郭继东.二语交际策略实证研究 40 年:回顾与展望(英文)[J].中国应用语言学(英文版),2011(4).

[181] 郭继东.中国 EFL 学习者过渡语交际策略研究[M].北京:国防工业出版社,2012.

[182] 郭继东,李波阳.交际策略视角下的口译研究[J].语言与翻译,2009(2): 58-62.

[183] 郭继东,王英鹏.对当前大学英语创新教学的探讨[J].黑龙江教育(高教评估版),2007(6):50-51.

[184] 郭继东,许焕荣.从两个关系因素看过渡语僵化[J].长春师范学院学报(人文社科版),2005(5):132-134.

[185] 郭燕.大学英语师生学习策略教授与使用的相关性实证研究[J].外语界,2007(2):65-72.

[186] 杭州电子科技大学外语学院课题组.校园外语教学广播电台在教学中的作用及高校对此类电台的需求分析[R].浙江省信息产业厅项目结题报

告,2006.

[187] 何莲珍,刘荣君.基于语料库的大学生交际策略研究[J].外语研究,2004
　　　(1):60-66.

[188] 侯松山.任务和性别对外语交际策略的影响[J].解放军外语学院学报,
　　　1998(6):18-23.

[189] 胡志军.论外语学习的观念体系及其构建[J].外语界,2007(2):32-38.

[190] 华国栋.差异教学论[M].北京:教育科学出版社,2002.

[191] 黄建滨."新编大学英语"的编写原则[J].高等理科教育,2003(6):
　　　115-118.

[192] 姜望琪.当代语用学[M].北京大学出版社,2005:57.

[193] 蒋凤霞,吴湛.口译的跨学科理论概述[J].外国语文,2011(2).

[194] 蒋祖康.第二语言习得研究[M].北京:外语教学研究出版社,1999.

[195] 教育部高等教育司.大学英语课程教学要求(试行)[M].北京:外语教学
　　　与研究出版社,2004.

[196] 赖鹏.模糊容忍型语言学校风格的心理再现及认知分析[J].天津外国语
　　　学院学报,2009(6):67-72.

[197] 雷霄.大学生学习观念与学习自主性培养[J].外语界,2005(3):68-74.

[198] 黎难秋.中国口译史[M].青岛:青岛出版社,2002.

[199] 李炯英.中国学生二语学习策略的观念与运用[J].外语教学,2002(1):
　　　42-50.

[200] 李炯英.中介语石化现象研究30年综观[J].国外外语教学,2003(4):
　　　19-24.

[201] 李岚.大学英语学习者元认知语言学习策略训练的实证研究[J].山东外
　　　语教学,2005(4):54-57.

[202] 李丽.认知风格与交际策略倾向性关系的相关研究[J].国外外语教学,
　　　2003(3):16-21.

[203] 李盛曦.非英语专业本科生与高职生学习策略差异研究[J].中国外语教
　　　育,2010(1):11-23.

[204] 李欣.挑战口译——英语口译考试攻略[M].上海:上海大学出版
　　　社,2005.

[205] 励哲蔚.非英语专业大学生英语学习观念调查[J].外语教学,2007(5):
　　　49-54。

[206] 凌茜等.基于网络的非英语专业大一新生英语听力学习策略实证研究
　　　[J].外语电化教学,2012(1):63-67.

[207] 刘伯祥.对口译课的观察与思考[J].外语与外语教学,1998(6):19-21.

[208] 刘和平.口译技巧—思维科学与口译推理教学法[M].北京:中国对外翻译出版公司,2001.

[209] 刘和平.口译理论与教学[M].北京:中国对外翻译出版公司,2005.

[210] 刘和平.口译研究成果与趋势浅析[J].中国翻译,2005(4):71-74.

[211] 刘建军.同声传译中交际策略的使用及其与口译成绩的关系[J].外语界,2009(4):48-55.

[212] 刘宓庆.口笔译理论研究[M].北京:中国对外翻译出版公司,2004:186-187;208.

[213] 刘乃美.交际策略研究三十年:回顾与展望[J].中国外语,2007(5):81-87.

[214] 刘乃美.师范院校英语专业学生交际策略的认识与运用的研究(英文)[J].中国英语教学(英文版),2006(2).

[215] 刘润清,戴曼纯.中国高校外语教学改革现状与发展策略研究[M].北京:外语教学与研究出版社,2004.

[216] 刘晓红,郭继东.过渡语僵化现象情感成因[J].杭州电子工业学院学报,2004(5):78-81.

[217] 刘艳菊.大学英语学习者的学习观念、自我效能与学习策略相关性的量化研究与分析[J].外语教学,2010(4):65-69.

[218] 刘宇慧,刘晓燕.元认知学习策略与自主学习能力关系的实证研究[J].外国语文,2010(3):119-121.

[219] 刘振前等.高、低分组分项四级成绩与学习策略的关系研究[J].外国语言文学,2005(2):112-117.

[220] 吕红艳.非英语专业大学生英语口语焦虑与口语学习策略的相关性[J].外语研究,2010(5):65-71.

[221] 罗爱梅等.中小学外语课程发展[M].广州:广东高等教育出版社,2005:11.

[222] 罗青松.外国人汉语学习过程中的回避策略分析[J].北京大学学报(哲学社会科学版),1999(6):130-134.

[223] 马广惠.高分组学生与低分组学生在学习策略上的差异[J].外语界,1997(2):38-40.

[224] 马珂.多元智力理论与英语学习策略使用倾向性的相关性实证研究[J].外语教学,2012(5):73-76.

[225] 梅德明.英语高级口译资格证书考试口译教程[M].上海:上海外语教育出版社,1996.

[226] 梅德明等.大中小学一条龙英语人才培养模式研究(第二卷)[M].上海：
上海外语教育出版社,2004.

[227] 彭剑娥.文化视觉下大学生英语交际意愿的实证研究[J].语言教学与研
究,2008(6):30-36.

[228] 秦晓晴.外语教学研究的定量数据分析[M].武汉:华中科技大学出版
社,2003.

[229] 裘姬新.大学英语课堂环境下的回避现象研究[J].浙江教育学院学报,
2004(3):84-89.

[230] 任文阁.试论新生外语学习观念的转变及其对策[J].外语界,2000(3):
23-25.

[231] 阮周林.第二语言学习中的回避现象分析[J].外语教学,2000(1):19-23.

[232] 邵新光,张法科.网络多媒体环境下的大学生英语学习焦虑研究[J].外语
电化教学,2008(3):28-32.

[233] 师保国,申继亮,许晶晶.模糊容忍性：研究回顾、现状与展望[J].心理与
行为研究,2008,(4):311-315.

[234] 束定芳,庄智象.现代外语教学——理论、实践与方法[M].上海:上海
外语教育出版社,1996.

[235] 束定芳,庄智象.现代外语教学——理论、实践与方法(修订版)[M].上
海:上海外语教育出版社,2008.

[236] 束定芳.外语教学与改革:问题与对策[M].上海:上海外语教育出版
社,2004.

[237] 司联合.过渡语理论与语言教学[M].南京:河海大学出版社,2004.

[238] 宋维华.英语课堂实施任务型教学所面临的问题与分析[J].山东师范大
学外国语学院学报(基础英语教育),2007(3).

[239] 孙秋丹,黄芳.多媒体网络自主学习环境下大学英语四级成绩与学习策略
的关系研究[J].北京第二外国语学院学报,2010(2):62-68.

[240] 谭雪梅,张承平.非英语专业学生交际策略能力现状研究[J].国外外语
教学,2002(3):11-14.

[241] 汤富华.企业对外推介英译的文体与文化思考[J].中国翻译,2000
(6):35.

[242] 唐爱燕.同声传译中的交际策略[J].中国科技翻译,2009(3):19-23.

[243] 田金平,张学刚.非英语专业学生在小组讨论中使用交际策略的研究[J].
外语界,2005.

[244] 田静.交际策略-提高英语口语教学的一剂良方[J].北京城市学院学报,

2005(4).

[245] 王才康.外语焦虑量表(FLCAS)在大学生中的测试报告[J].心理科学,2001(2):95-97.

[246] 王初明.应用心理语言学——外语学习心理研究[M].长沙:湖南教育出版社,1996:95-115.

[247] 王初明.影响外语学习的两大因素与外语教学[J].外语界,2001(6):8-12.

[248] 王大青.第二语言学习中的模糊容忍分析[J].东北大学学报(社会科学版),2004(4):303-305.

[249] 王大伟.现场汉英口译技巧与评析[M].上海:世界图书出版公司,2000:127.

[250] 王改燕.中间语与第二语言习得过程[J].外语教学,2002(7):44-48.

[251] 王建勤.第二语言习得研究[M].北京:商务印书馆,2009.

[252] 王克非.国外第二语言习得交际策略研究述评[J].外语教学与研究,2000(3):124-131.

[253] 王莉梅.EFL学习者习得交际策略的性别差异研究[J].外语与外语教学,2008(8).

[254] 王立非,张大凤.国外二语预制语块习得研究的方法进展与启示[J].外语与外语教学,2006(5):47-50.

[255] 王立非.大学生英语口语课交际策略教学的实验报告[J].外语教学与研究,2002(6):427-430.

[256] 王立非.国外第二语言习得交际策略研究述评[J].外语教学与研究,2000(3):124-131.

[257] 王守元.海外语言学习观念研究综评[J].外语界,1999(2):46-49.

[258] 王艳.学习者的第二语言程度和性格差异对交际策略选择的交互影响[J].外国语言文学,2005(4):249-256.

[259] 王银泉,万玉书.外语学习焦虑及其对外语学习的影响——国外相关研究概述[J].外语教学与研究,2001(3):122-126.

[260] 王英鹏.对在大学英语教学中培养学生社会文化能力的几点思考[J].外语界,1999(1):43-47.

[261] 王永秋.口译听说技能训练[J].中国科技翻译,2001(4):37-39.

[262] 魏永红.任务型外语教学研究[M].上海:华东师范大学出版社,2004.

[263] 魏峥.英语学生对口语课堂教学活动的直觉认识[J].解放军外国语学院学报,2004(4):44-48.

[264] 文秋芳,王立非.中国英语学习策略实证研究 20 年[J].外国语言文学,2004(1):39-43.

[265] 文秋芳.我国英语学习策略理论的构建[A].文秋芳、王立非编.英语学习策略实证研究[M].西安:陕西师范大学出版社,2004.

[266] 文秋芳.英语学习策略论[M].上海:上海外语教育出版社,2000.

[267] 文秋芳.导读[A].Cohen,A.学习和运用第二语言的策略[M].北京:外语教学与研究出版社,2000.

[268] 文秋芳.英语学习者动机、观念、策略的变化规律与特点[J].外语教学与研究,2001(1):105-111.

[269] 文秋芳.英语学习的成功之路[M].上海:上海外语教育出版社,2003.

[270] 文秋芳.大学英语面临的挑战与对策:课程论视角[J].外语教学与研究,2012(2):283-292.

[271] 文秋芳,王海啸.大学生英语学习观念与学习策略分析[J].解放军外语学院学报,1996(4):61-66.

[272] 文秋芳,王立非.影响外语学习策略系统运行的各种因素评述[J].外语与外语教学,2004(9):29-32.

[273] 文卫平、朱玉明.外语学习情感障碍研究 [M].西北大学出版社,1998.

[274] 吴丁娥.第二语言习得中的过渡语及僵化研究[J].外语教学,2001,22(3):17-22.

[275] 吴丽林.内/外性格倾向优秀语言学习者学习策略运用研究[J].外语学刊,2005(2):80-87.

[276] 吴一安,刘润清,Jeffery,P.中国英语本科生素质调查报告[J].外语教学与研究,1993(1).

[277] 吴一安,唐锦兰.融入自动评价系统的英语写作实验教学对高校英语教师的影响研究[J].外语电化教学,2012(4):3-10.

[278] 夏谷鸣.外语教师的语言观与外语教学改革[J].中学文科(京),2003(10).

[279] 夏纪梅等.英语交际常识[M].广州:中山大学出版社,1995(3).

[280] 项茂英.情感因素对大学英语教学的影响——理论与实践研究[J].外语与外语教学,2003(3):23-26.

[281] 萧春麟,刘清华.英语测试教程[M].上海:上海交通大学出版社,2001.

[282] 肖德法,向平.交际策略与 PETS 口试研究[J].外语与外语教学,2004(12):16-18.

[283] 肖婧,左年念.网络多媒体环境下如何从学习策略上提高听力自主学习效

率[J].外语电化教学,2006(3):74-77.

[284] 熊苏春.基于网络环境的大学生语言学习焦虑与学习策略使用之关系研究[J].外语电化教学,2012(6):66-71.

[285] 徐爽.SILL语言学习策略结构的验证性因素分析[J].外国语言文学,2008(2):96-101.

[286] 严毛新.我国高校第二课堂活动的现状及对策[J].浙江工商大学学报,2006(1):81-85.

[287] 杨承淑.口译教学研究:理论与实践[M].北京:中国对外翻译出版公司,2005.

[288] 杨连瑞,张德禄等.二语言习得研究与中国外语教学[M].上海:上海外语教育出版社,2011.

[289] 杨连瑞,刘汝山.第二语言习得石化现象的发生学研究[J].中国外语,2006(3):39-44.

[290] 殷燕."歧义容忍度"影响英语学习对课堂英语教学的启迪[J].外语界,2005(2):58-61.

[291] 尹耀德.口译现场争执的处理[J].中国科技翻译,2003(2):25-27.

[292] 于冰.交际策略与学生口语对话能力的关系研究[J].外语与外语教学,2006(5).

[293] 于元芳,刘永兵.对二语学习策略理论的验证性研究——兼谈本土外语学习理论之必要[J].中国外语,2009(4):83-89.

[294] 俞惠中.从学生个体差异看大学英语教学改革[A].上海市大学英语协作组.上海市大学 英语教学论文集[C].上海:上海外语教育出版社,2003.

[295] 袁凤识等.英语专业和非英语专业学生学习策略差异研究[J].外语界,2004(5):25-32.

[296] 曾瑜薇,叶朝成.网络真实语言学习环境中的模糊容忍[J].外语电化教学,2005(2):11-14.

[297] 张殿玉.英语学习策略与自主学习[J].外语教学,2005(1):49-55.

[298] 张慧清.交际策略在商务英语交际中的应用[J].商场现代化,2007(25):60-61.

[299] 张荔,王同顺.交际策略问卷信度和效度的研究[J].外语研究,2005(1):47-50.

[300] 张荔.交际策略研究与应用[M].上海:上海交通大学出版社,2008.

[301] 张庆宗.歧义容忍度对外语学习策略选择的影响[J].外语教学与研究,2004(6):457-461.

[302] 张庆宗.外语学习观念对学习策略选择的影响[J].外语教学,2008(2):43-45.

[303] 张庆宗.自我效能与英语学习策略运用的调查研究[J].中国外语,2004(2):45-48.

[304] 张素敏.基于不同学习任务的外语歧义容忍度影响作用研究[J].北京第二外国语学院学报,2011(8):70-75.

[305] 张素敏.歧义容忍度研究50年多维回顾与思考[J].外语界,2012(2):89-95.

[306] 张威.口译研究的科学选题意识[J].中国外语,2011(1):97-104.

[307] 张雪梅.语言石化现象的认知研究[J].外国语,2000(4):19-23.

[308] 赵安源,杜耀文.大学英语教学改革的必由之路:坚持大学英语三阶段教学模式[J].太原理工大学学报,2003(6):75-77.

[309] 赵露.第二课堂英语口语教学的必要性和可行性研究[J].合肥工业大学学报(社科版),2006(5):148-152.

[310] 郑玉荣.中国英语学习策略研究综述:成就与不足[J].外语界,2011(3):82-88.

[311] 钟述孔.实用口译手册(增订版)[M].北京:中国对外翻译出版公司,1999.

[312] 仲联合.译员的知识结构与口译课程设置[J].中国翻译,2003(4):63-65.

[313] 周大军,赵德全.高校英语学习者观念的特点及其变化趋势[J].西安外国语大学学报,2007(1):88-91.

[314] 周艳艳.非英语专业高分组学生与低分组学生在语言学习观念上的差异[J].江苏教育学院学报(社会科学版),2006(4):101-104.

[315] 周英.歧义容忍度对英语专业学生听力理解的影响[J].解放军外国语学院学报,2000,(2):75-78.

[316] 邹为诚.实践经验是如何改变外语教师的知识结构的?[J].中国外语,2013(1):72-80.